LA
TUNISIE
A
L'EXPOSITION

PAR

Mᵐᵉ Pauline SAVA

Dessins de M. GIL BAER

Agents indigènes des Services publics.

PARIS

AUGUSTIN CHALLAMEL, Éditeur

LIBRAIRIE COLONIALE

5, rue Jacob et rue Furstenberg, 1

1890

LA TUNISIE A L'EXPOSITION

LA
TUNISIE

A

L'EXPOSITION

PAR

Mme Pauline SAVARI

Dessins de M. Gil Baer

PARIS

Augustin CHALLAMEL, Éditeur

LIBRAIRIE COLONIALE

5, rue Jacob et rue Furstenberg, 2

1890

SON ¡ALTESSE LE BEY DE TUNIS

RÉPARTITION DES MATIÈRES

Ire PARTIE

Généralités préalables.

IIme PARTIE

La Tunisie à travers les Ages.

IIIme PARTIE

Organisation générale de la Section.

IVme PARTIE

Participation Indigène.

Vme PARTIE

Participation des Colons.

VIme PARTIE

Participation des Pouvoirs Publics.

M. J. Massicault, Ministre Résident général de la République Française,
à Tunis.

Les janissaires et les sergents de police indigènes de la Section Tunisienne

I.

GÉNÉRALITÉS PRÉALABLES.

La Tunisie à l'Exposition de 1889.

L'Exposition universelle de 1889, fête du travail, fête de l'esprit humain affranchi par nos pères, fête du souvenir et de la reconnaissance due à l'œuvre généreuse des hommes de 1789, a clos ses portes au nez de quelques centaines de mille de visiteurs retardataires. Évanouie, l'immense rumeur en cent langues qui, jusqu'au dernier jour, a rempli ses jardins et ses palais ; éteints, les feux de joie allumés depuis la première nuit ; livrées à la dispersion, à l'abandon, peut-être à l'oubli, les merveilles de l'industrie ramassées à grands frais de tous les points de l'univers !

Il est pourtant à supposer que la plume et le dessin nous en conserveront de précieux souvenirs, comme nous entreprenons de faire pour la section Tunisienne.

Vous rappelez-vous ses galeries, ses jardins, son aspect pittoresque tenant du rêve autant que de la réalité ?

Si nous réussissons à en fixer ici le tableau, nous aurons indiqué l'état actuel de ce pays, et établi un point de comparaison qui permettra plus tard de mieux déterminer les progrès accomplis.

.•.

C'est justement ce qui nous manque aujourd'hui afin de bien mettre en évidence, en relief, la prodigieuse extension de la Régence de Tunis depuis qu'elle a passé sous le protectorat de la République française.

Nous ne pouvons pas remonter à la dernière Exposition.

En 1878, la Tunisie n'existait pas pour nous. Le drapeau français n'apparaît à Tunis qu'en 1881 ; l'action bienfaisante de la France ne se fait sentir qu'à partir de 1884.

C'est d'hier, comme vous voyez !

Et qu'était la Régence il y a dix ans ? Et qu'est-elle aujourd'hui ? Et qu'était-elle autrefois sous le nom de Province Romaine d'Afrique ?

La section Tunisienne va nous le dire, évoquant sous nos yeux les grandes pages de l'histoire de ce pays, l'indication de son avenir, l'infinie variété de ses ressources.

.•.

On sait que l'Exposition coloniale avait été installée aux Invalides. Le vaste quadrilatère aux quinconces séculaires qui s'étend entre la façade de l'hôtel monumental construit par Louis XIV et le quai d'Orsay, était divisé dans sa longueur en deux parties. Une avenue qui, partant du quai, aboutissait à la porte de l'Hôtel, laissait à droite les Postes et Télégraphes, l'Exposition aérostatique, celle du Ministère de la guerre, l'Assistance, l'Hygiène, etc.

Les Palais coloniaux s'étendaient en façade sur le côté gauche.

C'était d'abord, en sortant de la gare Decauville, le pavillon algérien, faisant l'angle, avec son porche à trois arcades rappelant la Kouba de Sidi Abder-Rhaman.

C'était ensuite le pavillon des forêts tunisiennes, puis le Palais central de la Tunisie. Venaient enfin la Pagode annamite, le palais du Tonkin, celui de la Cochinchine et celui de l'Exposition collective des colonies, et la pagode d'Angkor. Telle était la première ligne, infiniment majestueuse et variée.

Les comités coloniaux avaient lutté de bon goût, de richesse et d'imagination pour l'installation de leurs sections respectives ; mais nous pouvons dire que la section Tunisienne occupait le premier rang. Elle était l'œuvre d'une collaboration à laquelle ont coopéré :

La Résidence générale et les administrations qui en dépendent ;

Le gouvernement beylical et les indigènes ;

L'action individuelle et collective des colons français et européens.

Mais, avant de raconter les efforts accomplis et les résultats obtenus, il ne sera pas inutile de rappeler ce qu'était la Tunisie avant le régime Protecteur.

II

LA TUNISIE A TRAVERS LES AGES.

Quelques notions d'histoire.

Qu'est-ce que la Tunisie ?

La direction de l'Enseignement a exposé un magnifique relief de cette partie de l'Afrique, où ses côtes, ses monts et ses torrents sont fidèlement reproduits ainsi que les villes principales. On voit le pays. On le touche.

Cela ne nous suffit pas ; nous consulterons un peu plus loin une carte du bassin de la Méditerranée et nous y verrons l'Afrique tendre deux bras vers l'Europe, l'un à l'ouest du côté de l'Espagne, c'est le Maroc, c'est Tanger ; l'autre à l'est, vers la Sicile, c'est le cap Bon, c'est la Tunisie.

Ce continent confinait à notre colonie algérienne par la province de Constantine. La sécurité de l'Algérie exigeait que nous eussions une part dans le gouvernement de la Tunisie ; telles sont l'origine et la raison d'être de notre rôle auprès des Beys.

Cette partie de l'Afrique s'appelait sous les Romains la Numidie et atteignit un degré de prospérité dont nous allons trouver des traces.

Sur une colline qui domine la mer, des marchands phéniciens fondèrent vers l'an 860 avant J.-C., une ville, Carthage, qui devint puissante et tint en échec la grande république romaine.

La Carthage punique fut détruite par les romains ; il en reste peu de vestiges, non plus que de la ville nouvelle bâtie par les vainqueurs sur les ruines de l'ancienne et détruite elle-même à son tour par d'autres barbares.

Un pauvre village arabe, Malga, s'étend au pied de la colline ; au faîte se dresse la cathédrale élevée par le cardinal Lavigerie à la gloire de saint Louis ; un relief des anciens ports subsiste dans les jardins dépendant du lazaret.

Tunis apparaît quand Carthage commence à décroître.

La ville nouvelle est allée prudemment se loger loin de la mer, en arrière du lac qui la sépare de Carthage.

Quand les Arabes, en 648, créent leur royaume d'Afrique, Tunis devient une capitale, la capitale d'une bande de brigands. Le brigandage arabe dure neuf siècles ! Ni saint Louis, ni Charles-Quint, ni André Doria, ni Don Juan d'Autriche ne réussissent à le vaincre.

Les Turcs, déjà maîtres d'Alger, sont plus heureux en 1573 ; ils se substituent aux Arabes. Un nouveau régime commence. La Tunisie est gouvernée par un Dey au lieu de l'être par un Pacha. Mais elle continue le même commerce, c'est-à-dire le brigandage sur terre et sur mer. C'est le temps où l'auteur de *Don Quichotte*, Cervantès, était emmené en esclavage à Alger, le temps où saint Vincent de Paul allait, à Tunis même, prendre la place d'un malheureux prisonnier.

Origines de la dynastie régnante.

On conçoit qu'un pays dont les habitants ont pris l'habitude du pillage, n'atteigne pas à l'intérieur un haut degré de prospérité. Les villes du centre se dépeuplent , les campagnes cessent d'être cultivées par le paysan (fellah berbère) las de produire pour être dépouillé.

La Tunisie commence à n'être plus qu'un désert.

En 1705, une ère nouvelle s'ouvre ; aux Deys succèdent les Beys héréditaires de la dynastie Husseinite. Le règne des Turcs a pris fin.

L'auteur de cette révolution de palais était d'origine grecque, et s'appelait Hussein ou Hossein-ben-Ali. S. A. Ali-Bey, souverain régnant de la Régence, est son descendant direct.

Le trône est héréditaire non pas selon nos coutumes, mais selon la loi des musulmans. La succession ne se règle pas sur l'ordre de progéniture entre les enfants du souverain, mais par rang d'âge, parmi tous les membres de la famille.

Le pouvoir passe ainsi du frère aîné au frère cadet, de l'oncle au neveu, du cousin au cousin. Il ne tombe jamais entre les mains d'un enfant.

Le tableau de la descendance du bey Hussein jusqu'à S. A. Ali-Bey, donnera une idée de ce système d'hérédité.

Année 1705. Avénement de Hussein Bey.

» 1735. . . . . | . . . . Ali Pacha (son neveu).

» 1756. . . . . . . Mohamed Bey.

» 1759. . . . . | . . . . Ali Bey (son frère).

» 1782. . . . . | . . . . Hamouda.

» 1814. . . . . | . . . . Othman.

» 1814. . . . . Mahmoud Bey.

» 1835. . . . . | . . . . Mustapha Bey.

» 1837. . . . . | . . . . Ahmed Bey.

» 1855. . . . . Mohamed Bey.

» 1859. . . . . Mohamed Sadok.

» 1882. . . . . Ali Bey.

La Tunisie il y a vingt-cinq ans.

La révolution politique de 1705 se complète, sous le règne de Mahmoud Bey, d'une révolution économique par l'abolition de la course et de l'esclavage (1816-1830).

Jusque-là les tunisiens ne connaissaient que la profession de corsaires ; le commerce était négligé, l'agriculture abandonnée. Les marchandises volées et les hommes enlevés appartenaient régulièrement au forban. Le gouvernement tirait ses revenus de la même source, il avait droit à une part du butin et le faisait vendre pour son compte dans les bazars de la ville.

Transformer ces écumeurs de mer en commerçants, en agriculteurs, en artisans, ce ne pouvait être l'œuvre d'un jour.

D'autre part les mœurs, les modes orientales qui permettaient au souverain d'élever aux fonctions de premier ministre un favori tiré des derniers degrés de la domesticité et donnaient à ce parvenu le pouvoir de se tailler une énorme part dans les revenus et le domaine public, n'étaient point de nature à favoriser la restauration financière du pays.

Mustapha Khaznadar, Khereddine, Ben Aïad, successivement favoris et ministres du bey Ahmed, Mustapha Ben Ismaïl, ministre du bey Sadock, ont eu entre les mains le quart de la propriété foncière dans la Régence.

Encore quelques années de ce régime et le pays était ruiné presque irrémédiablement.

Lisez ces lignes du récit d'un voyageur, vers 1864 :

« Nous serons tout surpris de voir que faute de routes les voitures ne peuvent circuler qu'autour de la capitale et dans un rayon restreint ; qu'il faut saisir une caravane au passage pour faire parvenir une lettre dans une ville de l'intérieur ; qu'aucun bateau ne va régulièrement d'un point de la côte à l'autre, et que Tunis même, où séjournent vingt-cinq mille européens, est sale, infecte et mal éclairée ; qu'il n'y a point de libraire, et qu'on n'y trouve qu'avec peine ces petits objets de luxe dédaignés des barbares, mais qui sont indispensables à l'homme civilisé. En avançant dans l'intérieur nous verrons avec douleur des plaines fertiles laissées incultes, des mines inexploitées, des villages en ruines, des cantons dépeuplés (1). »

Arrivée des Français.

Telle était la Tunisie il y a vingt-cinq ans.

Elle n'était pas dans une situation meilleure il y a dix ans.

Cependant un changement considérable s'était produit dans son organisation.

Le bey Mohamed-el-Sadock en dépit ou à cause de l'habilité de ses ministres s'était vu acculé à une liquidation judiciaire.

En 1869, hors d'état de payer l'intérêt des capitaux empruntés à l'Europe, il déposait son bilan.

La France, l'Italie, l'Angleterre, principales intéressées, nommèrent pour administrer la Régence une Commission internationale de la dette.

Les revenus principaux (douanes, marchés, monopoles de la poudre, du sel et du tabac) étaient concédés à la Commission, pour le paiement des intérêts arriérés et courants.

On laissait une dotation à la disposition du Bey pour ses besoins personnels. Il ne restait plus rien pour les besoins généraux du pays.

La France était représentée dans la Commission française par son consul général, M. Léon Roches.

Quand M. Roustan, en 1874, succéda à M. Roches, l'administration des Revenus concédés était arrivée à mettre un peu d'ordre dans le budget ; elle obtenait au chapitre des recettes environ douze millions de piastres.

(1) La Régence de Tunis au xixᵉ siècle, par A. de Flaux, 1865.

S. A. le prince Taïeb Bey, héritier présomptif.

Visiteur de l'Exposition.

Le service de la dette à lui seul en absorbait dix.

Et pourtant la Tunisie fut à ce même moment l'objet des plus ardentes convoitises.

L'Angleterre et l'Italie voyant la France abaissée depuis ses récents désastres s'ingéniaient à détruire, à miner l'influence acquise par les Français dans la Régence à la suite de la conquête de l'Algérie.

Les compétitions se manifestèrent plus vivement que jamais après l'arrivée de M. Roustan, dont l'intelligence et le courage professionnel surent faire tourner à notre profit des événements suscités en vue de nous nuire.

Mohamed-el-Sadock abandonnait le pouvoir au jeune ministre, devenu son gendre, Sidi Mustapha-ben-Ismaïl.

L'ancien ministre Khéreddine, retiré à Constantinople, put craindre de voir ses immenses propriétés confisquées par son successeur. Il se mit sous la protection de la France, puis il songea à réaliser sa fortune, et c'est avec des Français qu'il traita.

Le 5 avril 1880, un premier acte liait le général avec la Société Marseillaise; un vaste domaine, l'Enfida, ne mesurant pas moins de 120,000 hectares, confisqué en 1864 et donné par Mohamed-el-Sadock à Khéreddine, devenait propriété française.

La France ainsi prenait pied en Tunisie.

L'opposition éclata aussitôt. Une coalition qui réunissait le ministre Mustapha-ben-Ismaïl, le consul anglais M. Read et le consul italien M. Maccio, fit agir un homme de paille, un certain Joseph Lévy, israélite et sujet anglais, qui mena contre la Société Marseillaise une lutte désespérée jusqu'en novembre 1881.

Grâce à l'énergie des administrateurs de la Société, de M. Albert Rey, son président, de MM. Chevalier-Ruffigny et Mangiavacchi, ses délégués à Tunis, grâce à l'appui de M. Roustan soutenu lui-même par le gouvernement français, nos compatriotes eurent finalement gain de cause.

Nous verrons par la part qu'elle a prise à l'Exposition quelle place considérable la Société Marseillaise occupe dans la Régence et dans la colonisation.

Organisation du Protectorat.

L'expédition française de 1881 a pu, incidemment, contribuer à faire respecter les droits de nos compatriotes ; mais elle avait été motivée par d'autres raisons, par la nécessité de garantir notre frontière algérienne que violaient incessamment les montagnards des plateaux khroumirs.

La campagne commencée le 22 avril 1881 sous les ordres du général Forgemol de Bostquénard était terminée le 31 mai.

Le 12 mai, le général Bréart ayant les ordres du gouvernement de la République se présentait au Bardo porteur d'un traité rédigé par M. Jules Ferry.

Mis en demeure de l'accepter ou de perdre son trône, le bey se soumit après quatre heures de cruelles réflexions.

Cet instrument diplomatique a pris le nom de traité de Kassar-Saïd, du palais où eut lieu sa ratification.

Il est la base du régime actuel appelé *Protectorat.*

La retraite prématurée de nos troupes amena malheureusement une révolte générale.

Un fanatique, Ali-Ben-Kalifa, prêchait la guerre sainte. Il fallut dès le mois de juin recommencer la campagne, et c'est seulement en décembre que le général Saussier put retourner en Algérie, laissant d'ailleurs de bonnes garnisons derrière lui.

M. Roustan avait été, après cette expédition, en butte aux calomnies les plus violentes, à l'hostilité la plus inique. Son déplacement devenait pour lui-même une satisfaction.

Le 18 février 1882, il fut remplacé par M. Paul Cambon, précédemment préfet du Nord.

Au nouveau ministre de France, incombait la charge de

S. A. le prince Mohammed, second fils de S. A. le bey de Tunis.
Visiteur de l'Exposition.

mettre en application le nouveau régime. Sa tâche fut facilitée par la mort de Mohamed-Sadock (28 octobre 1882), et la dis-grâce de son favori.

Le nouveau bey, Sidi-Ali-Ben-Hussein, frère du défunt, ins-tallé par le ministre de France, nous a toujours montré une amitié déférente et confiante.

Sous le régime gouvernemental qui lui est appliqué depuis ce jour, la Tunisie peut être définie : un état autonome s'ad-ministrant sous le contrôle du gouvernement français.

Le traité du 12 mai 1881 donnait à la République Fran-çaise les pouvoirs les plus étendus pour assurer l'ordre et la paix dans la Régence.

Une loi promulguée le 27 mars 1883 établit en Tunisie des tribunaux français.

En présence de cette institution les gouvernements étrangers qui avaient des nationaux dans la Régence renoncèrent au pri-vilège, désormais inutile, des juridictions consulaires garanties par d'anciennes capitulations.

Il restait à mettre de l'ordre dans l'administration.

La Commission internationale, où dominait un élément hostile, se mettait en travers de toutes les réformes. L'article 7 du traité de Kassar-Saïd permit à la Résidence de supprimer la Commission, et en exécution de cet article, fut conclue, le 8 juin 1883, la convention qui autorisait le Bey à convertir avantageusement l'ancienne dette.

Un décret du 2 août supprima en conséquence de cette loi la Commission financière et l'Administration des revenus concédés.

La Tunisie était désormais hors de la tutelle internationale. Une administration française, agissant au nom du Bey, prend en main les affaires et les finances.

Pour compléter cet exposé sommaire, ajoutons que depuis le 23 juin 1885, tous les pouvoirs ont été réunis entre les mains du ministre de France, élevé au rang de Résident général ; — enfin, que les services français de la Tunisie, comme ceux de tous les pays soumis au Protectorat, ont été rattachés au ministère des affaires étrangères.

Le chef actuel du poste est M. Massicault, ancien préfet du Rhône, qui a été envoyé à Tunis, décembre 1886, en remplacement de M. Cambon nommé ambassadeur à Madrid.

La porte du Commissariat Général de la Section Tunisienne.

III

ORGANISATION GÉNÉRALE

Préparatifs pour l'Exposition

L'Exposition universelle de 1889 a été décrétée à la date du 10 novembre 1884.

Cependant ce n'est qu'au commencement de 1886 que l'on est entré résolument dans la voie de la préparation de ce grand événement.

Le concours de la Tunisie était assuré dès le premier jour.

Sous la haute direction de M. Massicault, deux comités furent constitués : le premier à Tunis, l'autre à Paris.

A Tunis le comité eut à sa tête S. E. Mohamed Djellouli, ministre de la plume, et M. Regnault, consul de France.

Si Mohamed Djellouli est un des deux ministres que S. A. Ali-Bey a choisis à son arrivée au pouvoir en 1882. Si Azis-Bou-Atour est premier ministre ou ministre d'État, M. Djellouli est ministre de la plume, autrement dit garde des sceaux.

C'est un représentant de la pure aristocratie arabe, pour la finesse des traits et celle de l'esprit. On lit sur son visage l'intelligence et la bonté.

A peine installé au Dar-el-Bey (ministères tunisiens) il a voulu se remettre à l'école et apprendre la langue française. Nous avons eu l'honneur de le voir récemment à l'Exposition ; et nous avons été surpris de l'entendre exprimer en un français élégant des aperçus d'un parisianisme très moderne.

M. Regnault, alors secrétaire général du gouvernement tunisien, et représentant en cette qualité le Résident général dans les conseils du gouvernement, a été le directeur et l'on peut dire l'âme du Comité Tunisien. Il a été fort bien secondé dans cette œuvre longue et délicate par S. E. le ministre de la plume, Sidi-Mohamed-Djellouli, président du Comité tunisien dont l'action a été si efficace pour la participation des indigènes. (1).

Le parfait accord de ces deux administrateurs a facilité l'organisation de l'Exposition.

Le comité de Tunis a eu à s'occuper particulièrement des achats à faire comme spécimens de l'art et de l'industrie indigènes; il a dû aussi provoquer la coopération de tous ces marchands dont l'étalage pittoresque, les pimpants costumes et le type superbe ont attiré dans les souks tant de visiteurs émerveillés. On a obtenu le concours de ces indigènes en leur assurant la gratuité du voyage.

---

(1) M. Regnault est aujourd'hui Consul, attaché à la Résidence générale.

A Paris, l'organisation de la Section tunisienne fut confiée à un commissaire général, M. Charles Sanson.

M. Massicault a eu l'habileté de choisir pour cet emploi, qui exigeait un grand esprit pratique et l'expérience des affaires, précisément un homme d'affaires.

M. Ch. Sanson a été une des notabilités du Sentier, le faubourg Saint-Germain de nos commerçants en tissus. Il s'est retiré vers la cinquantaine, il y a quinze ou seize ans. C'est aujourd'hui un homme à barbe blanche, dont le visage fatigué porte les douloureuses empreintes d'un inguérissable chagrin, la perte d'un fils bien aimé.

M. Sanson n'a pas accepté du premier coup les propositions de son ami, M. Massicault. Mais du jour où il eut accepté cette tâche, il s'y dévoua avec empressement. Pendant plus de deux ans il n'a cessé de s'en occuper, recevant chez lui, rue de Berlin, chaque jour, les visites, les propositions, les demandes relatives à l'Exposition, ou réglant sur le terrain l'agencement des produits à exposer. Il a été admirablement secondé d'ailleurs en cette partie de son rôle par MM. Blanqui et Echenauer, ses secrétaires.

Ce zèle, cette intelligence ont abouti, comme on a pu le voir, à l'exposition la plus pittoresque et la mieux ordonnée de toutes les expositions coloniales. Aussi est-elle bien méritée, la décoration de la Légion d'honneur attribuée dès l'ouverture de l'Exposition à l'infatigable commissaire général de la Section tunisienne, et qui s'adresse au Comité tout entier. En dehors de cette récompense les efforts du comité d'organisation ont été récompensés par un grand prix, une médaille d'argent, une mention honorable. Il y avait lieu aussi de reconnaître la précieuse et active coopération que la sous-direction des Protectorats avait apportée au comité : M. le baron d'Estournelles, qui tient cet emploi avec distinction, vient d'être promu à la dignité d'officier dans la Légion d'honneur.

Le Palais Tunisien.

L'Exposition tunisienne était décidée en principe dès 1885. Il fallut penser à la loger honorablement.

En 1887 le comité de Tunis mit au concours un projet de pavillon. De nombreux modèles lui furent soumis. M. Henri Saladin emporta le prix, et bientôt, au milieu de l'Esplanade encore nue, s'élevèrent les premiers murs du palais tunisien.

Plusieurs voyages en Tunisie et deux missions du ministère de l'Instruction publique, avaient permis à cet architecte de réunir des documents nombreux sur l'art arabe en Tunisie. Aussi les constructions qu'il a élevées présentent-elles, sous ses différents aspects, des spécimens variés de cet art tout particulier.

La façade principale se compose d'un porche à trois arceaux auquel on accède par dix marches monumentales et qu'encadrent deux ailes ou pavillons. Celui de droite est composé d'un motif du Souk-el-Bey, de Tunis ; celui de gauche est la reproduction exacte de la Koubba de la mosquée de Sidi-ben-Arouz.

Le porche même, avec ses fines colonnes, ses arceaux à larges claveaux, noirs et blanc alternativement, est une des façades intérieures du palais du Bardo.

Après qu'on a franchi ce portail, on se trouve dans un grand vestibule rectangulaire, qu'une simple colonnade sépare du patio.

Le plafond du vestibule est plat et décoré d'entrelacs géométriques. De chaque côté se trouvent des portiques décorés de faïences et de sculptures. Les plafonds sont des copies simplifiées des plafonds de Tunis et de Kairouan. Ils ont été exécutés en staf par des ouvriers parisiens, d'après les maquettes de M. Saladin.

Les sculptures sont des moulages exécutés sur des originaux venus de Tunis. Elles ont beaucoup frappé les visiteurs par leur caractère original. C'est en effet un art personnel aux Arabes, une des rares traditions qui se soient conservées intactes. Il est à remarquer que les artisans de ces délicates et patientes sculptures n'exercent que rarement leur talent, l'occasion faisant défaut ; ils sont en général badigeonneurs ou paveurs. Il faudrait pouvoir, en leur donnant du travail, encourager ces sculpteurs et empêcher que ces traditions ne s'éteignent !

Du vestibule, nous passons pour ainsi dire sans transition dans une cour intérieure pavée de mosaïque, entourée de portiques sur lesquels s'ouvrent les galeries du palais, et dont les murs sont revêtus de faïences éclatantes. Au milieu se dresse une fontaine de marbre murmurant jour et nuit.

Cette pièce est la reproduction fidèle des *patios* des maisons tunisiennes. Riche ou pauvre, toute maison a son patio, où se concentre et se résume la vie domestique ; toutes ont le même plafond, d'un bleu tendre pendant le jour, d'un bleu sombre pendant la nuit, et semé d'une fine poussière d'or. C'est le ciel avec ses étoiles. L'architecte n'a pu nous en garantir la ressemblance tous les jours.

Remarquez la mosaïque qui forme le dallage du patio. C'est une mosaïque romaine provenant de Carthage, déplacée expressément pour figurer à l'Exposition. Cette pièce extrêmement curieuse représente les douze mois de l'année figurés par des personnages ; elle a dans son ensemble 7 m. 40 sur 8 m. 35.

Le fond du portique du patio est décoré de huit panneaux de faïence tunisienne datant du siècle dernier et provenant de portions démolies du palais beylical du Bardo. Deux au moins sont uniques. Tous représentent une industrie jadis florissante à Tunis et qu'il y aurait intérêt à faire renaître.

Ces panneaux seront transportés au Bardo où ils feront partie du musée de l'art arabe en Tunisie. L'un d'eux a été, chose singulière, reconstitué d'après la photographie d'un panneau semblable qui existe au musée d'art arabe du Caire.

Nous traversons le patio pour ressortir sur les jardins, où nous descendons par un second escalier monumental. Autour

des pelouses s'alignent les souks aux devantures bariolées, le
concert tunisien et la maison modèle du Djerid (Djerid, pays
des palmes, dont Nefta est l'oasis principale).

Mais nous n'en avons pas fini avec ce palais des Mille et
une nuits dont l'architecte porte le nom d'un sultan ! Nous y
sommes entrés tout à l'heure par la façade d'honneur, retour-
nons-nous et voyons la façade du côté des jardins.

Au centre, dominant le perron, le porche, large arcade ogi-
vale supportée par de robustes colonnes et surmontée d'un cré-
nelage (imitée d'une porte de la mosquée d'Okba, à Kairouan),
donne accès sous une coupole qui est elle-même la reproduction exacte et presque en vraie grandeur du sanctuaire de la même
mosquée. Ce dôme est porté par un tambour de seize côtés, et
le tambour s'appuie sur une base carrée.

La loggia que vous voyez à droite du porche est empruntée
à la porte Bab-Djelladine (de Kairouan encore), et c'est la
façade d'une maison de Kairouan (toujours) qui prête sa phy-
sionomie à l'aile gauche, dont le commissariat occupe le rez-de-
chaussée.

Quant au minaret octogonal qui la domine, il ressemble à
beaucoup de minarets tunisiens. En le voyant, il m'a paru
retrouver celui de la mosquée de Sidi-ben-Arouz, au pied duquel je passais si souvent en montant à la Casbah.

On s'y fût trompé, surtout à l'heure où le muezzin, sortant
de sa logette, apparaissait sur la terrasse, comme à Tunis, et,
d'une voix retentissante non moins que convaincue, projetait
au loin son cri traditionnel :

« Fidèles croyants, au nom de Dieu et du Prophète, voici
l'heure de la prière ! »

Cet appel, lancé cinq fois par jour, a provoqué plus d'une
réflexion bizarre dans la foule. Quant aux exposants indigènes,
ils ont été persuadés que cette formalité n'avait d'autre but que
de leur rappeler la patrie absente et de leur faciliter leurs de-
voirs religieux.

M. Charles Sanson, Commissaire Général de la Section Tunisienne
à l'Exposition Universelle de 1889.

L'ensemble des constructions de la section tunisienne atteste, comme on peut le voir par cet exposé, une connaissance sûre et approfondie de l'art arabe, et fait le plus grand honneur à l'architecte. M. Henri Saladin s'y était du reste préparé par les voyages d'études effectués pendant les premières années de sa carrière.

Entré à l'école des beaux-arts en 1872, il en sortait avec le diplôme du gouvernement. De 1879 à 1881, il parcourt l'Egypte, la Palestine, la Turquie, la Sicile et l'Italie. En 1882, il est chargé par le ministère de l'instruction publique d'une première mission en Tunisie. Le *Tour du Monde* a publié la relation de ce voyage. Il retourne en Tunisie en 1885 avec une seconde mission.

Cette fois, il semble qu'il ait amassé assez de matériaux. Vienne le concours pour l'exposition tunisienne, son projet l'emportera haut la main.

M. Saladin était officier de l'Instruction publique et du Nicham depuis 1883. Il a été fait chevalier de la Légion d'honneur et commandeur du Nicham à la suite de la construction du palais tunisien.

IV

PARTICIPATION INDIGÈNE.

Le Souk et les marchands.

M. Saladin a varié les types de ses constructions et les a disposées de manière à nous donner l'image de la vie tunisienne.

A côté du palais où ont été réunies les collections et les documents de la colonisation, il a imaginé une reconstruction des souks de Tunis, célèbres dans le monde musulman tout entier.

Il nous montre une des rues, plutôt une des galeries de cet étonnant marché.

C'est, des deux côtés d'un long et large couloir voûté, des boutiques en forme de niches, percées régulières et symétriques, dans la muraille blanchie à la chaux et, sur le devant de chacune d'elles, le marchand accroupi flegmatiquement au milieu de sa marchandise, étalée sous la lumière que distribuent les œils-de-bœuf espacés sous la voûte.

A Tunis, les souks forment un labyrinthe de cent galeries qui s'entrecroisent et chacune d'elles est spéciale à un commerce ou à une industrie; il y a le souk des tisserands, le souk des fabricants de chechias, le souk des cordonniers, d'où viennent ces sandales jonquilles dont vous raffolez et moi aussi, le souk de la sellerie où se brodent ces merveilleux harnachements d'or et d'argent qui figurent dans la décoration du palais; le souk des bouchers qui sent bien mauvais! et le souk des mar-

S. E. Mohammed Djellouli, Ministre de la plume.
Visiteur de l'Exposition.

chands de parfums qui empoisonne la rose et le musc... Je n'en finirais pas!

A l'Exposition il a fallu condenser ce vaste appareil, et, dans une seule galerie, montrer les différents commerces où se plaît l'industrie tunisienne.

C'est ainsi que l'on voit côte à côte dans leurs logettes que séparent des colonnes rayées en mirliton de vert et de rouge : Mustapha ben Mansour, le parfumeur; Bechir ben Abdallad, le marchand de chechias; Ahmed ben Abderraman, le tapissier; Ahmed ben Didah, le sellier; Achem Zarouch, le tisserand des somptueuses étoffes; Mohamed ben Amor, le fabricant de vannerie et corderie; David Semo, le fabricant de babouches et Nataaf Lalou, le joaillier.

Un calligraphe, écrivain public et particulier, occupe aussi son échoppe, avec la dignité qui convient à l'emploi : il sait lire le Coran !

Enfin pour joindre l'utile à l'agréable, on n'a pas oublié la boutique du confiseur où s'étalent les pâtes de fruits à la rose et les confitures au benjoin; et celle du Kaouadji ou cafetier tunisien, indispensable complément de cette installation.

*
* *

Le souk couvert aux blanches voûtes, aux colonnes peintes des couleurs du Prophète, n'est pas toute l'Exposition du commerce tunisien.

Parvenus au bout de la galerie qui vient d'être décrite, nous nous trouvons sur une petite place garnie de nouvelles boutiques, et qui, par le beau soleil d'août, nous a souvent donné l'illusion d'un vrai coin de Tunis.

Je l'appellerai volontiers, ce coin, *la place Barbouchi*, en l'honneur des braves marchands dont l'étalage en occupe un large panneau.

Des types, ces Barbouchi, de beaux types d'ailleurs : de haute taille, le visage d'un blanc mat encadré d'une barbe noire comme jais, les yeux en amande, la main fine, superbes sous le burnous drapé sans apprêt, en des poses toujours harmonieuses, c'est toute une race que ces hommes-là; la race originaire de Djerba, l'île enchantée, patrie du lotus.

Mais défiez-vous de cette beauté idéale. Barbouchi est un monstre de perfidie. Cet arabe au sourire angélique est, en affaire, plus roué que le plus roué des juifs, il vous mettra dedans, vous n'y verrez rien et vous vous en irez en vous frottant les mains.

Un mot le dépeindra. Un jour que je me reposais dans la boutique au milieu des tapis, des soies, des broderies entassées, une pièce brodée vint à tomber et notre homme marchait dessus insouciamment.

— Prenez donc garde, m'écriai-je alarmée.

— Fait rien, me répondit l'un des frères, avec son doux sourire ; sera plus « antik » comme ça, se vendra plus cher !

Le magasin des Barbouchi a eu un succès colossal, je ne l'ai jamais vu vide de clients, moins encore de clientes. Ils étaient si engageants, ces Barbouchi! Ce ne sont pas des marchands, ce sont des grands seigneurs qui vous reçoivent, avec d'exquises façons de politesse et une courtoisie qui va pour les dames jusqu'à la galanterie... permise.

Leur boutique n'est pas une boutique, c'est un salon (prononcez *salonne*) et le salonne lui-même, puisque salonne il y a, malgré ses dimensions exiguës, vous a je ne sais quel air de grandeur et de magnificence qui tout de suite attire, retient et conquiert ses hôtes.

Les nattes d'alfa courent sur le sol, des tapis de Kairouan à laines épaisses, de dessins bizarres, aux couleurs crues, tombent des murs et tapissent les panneaux ; sur les tables de bois doré à la mode arabe les soies s'étalent pêle-mêle avec les laines, les burnous et les gandourahs aux teintes roses, lilas, orangé et les grands tapis de table en cotonnade écrue de Manchester, décorées à Tunis d'appliques de drap de toutes nuances découpées en croissant, en étoile, en arabesque, etc.

Barbouchi a eu peu de chose à remporter. Dans les derniers jours Mohamed (1) me montrait d'un air satisfait ses rayons saccagés : — Tout vendu! disait-il.

Mais il s'en va surchargé de médailles. Une médaille d'argent pour ses tapis et tapisseries; une médaille de bronze pour ses lainages, une idem pour ses soieries, et jusqu'à une mention honorable pour ses articles de chasse.

— Es-tu content, Barbouchi?

— Si, Si, madama, moi content, moi très-content!

Kaoua.

Après la visite traditionnelle au magasin des Barbouchi, une halte chez le Kaouadji voisin est de rigueur.

Il est modeste cet établissement de Kaouadji tunisien; on ne lui a pas concédé plus d'une des cases symétriques du souk, une encognure! C'est à peine si, derrière l'étroite et basse tablette qui sert de comptoir, et sépare le client du marchand, il reste place suffisante pour le cafetier et son aide et pour le fourneau et pour le mortier où s'écrase sous le pilon la fève chère au musulman.

N'importe! il y a toujours là trois ou quatre consommateurs accroupis, assis sur de rustiques tabourets, la narine ouverte au parfum qui monte des minuscules tassolettes, et d'autres qui, debout derrière les premiers, attendent impatiemment leur tour.

Vous avez commandé? Attention! Mohamed ben Kaouadji a versé quelques gouttes d'une eau toujours chaude à l'avance dans la petite bouillotte de la capacité d'un verre à madère,

---

(1) Ali Barbouchi est retourné à Tunis en septembre.

emmanchée au bout d'une baguette d'au moins vingt centi-
mètres. Dans une boîte en fer blanc Mohamed prend une petite
cuillerée de café impalpable et la verse dans la bouillotte; dans
une autre semblable il prend une cuillerée de sucre fin. Tout
cela va bouillir ensemble pendant quelques secondes et Mohamed le versera dans la tassolette en porcelaine que vous voyez.

Mais c'est brûlant? comment saisir la tasse? — Rassurez-
vous, ce que vous avez là devant vous, c'est une double-tasse:
la première, dépourvue d'anse, contient la liqueur bouillante;
elle est contenue elle-même dans une autre tasse un peu plus
grande, en forme de coquetier, et vous pouvez tenir celle-ci
entre les doigts sans les brûler...

Le consommateur, rassuré, porte la tasse à ses lèvres et se
brûle... le palais !

Ainsi réduit à des proportions minuscules, le *Kaoua* tunisien de l'Exposition ne pouvait pas reproduire exactement les
Kaouadji de Tunis, et leurs murs tapissés de nattes, et ces ban-
quettes alignées le long des murs, couvertes de tapis, où l'Arabe,
tantôt accroupi et tantôt allongé, hume à petites gorgées sa
liqueur favorite, pour ne pas se brûler d'abord, ensuite pour
laisser autant que possible au fond de la tasse le marc boueux
que produit le café pilé.

Il n'est donc pas juste de dire que les Arabes boivent le café
avec le marc. Ils n'ont pas le goût si dépravé! Ils ont même le
bon goût de ne vouloir consommer que du café pur. Chez le
plus pauvre tunisien, le café est... du café !

A quoi cela tient-il? un de nos confrères, M. Ch. Lallemand,
qui a rapporté de la Régence les éléments d'un livre splendide
sur Tunis et ses environs, enrichi par lui-même de merveilleu-
ses enluminures qui font revivre le pays avec la fidélité de la
plus fidèle aquarelle, consacre un chapitre à décrire et à peindre
les Kaouas de Tunis.

Si le café que l'on boit chez un tunisien est toujours pur,
nous dit M. Lallemand, cela tient à ce que la police des vivres

Vue d'ensemble des Souks de la Section Tunisienne

est plus soigneusement exercée à Tunis qu'elle ne l'est à Paris. Il y a un inspecteur des vivres et objets de consommation; on l'appelle *Amine*. Ce fonctionnaire a droit de réquisition et de vérification.

S'il constate une falsification, il jette le café dans la rue ; si les contraventions se renouvellent, le délinquant est envoyé devant le sheick-el-medina, exerçant les fonctions de préfet de police, lequel peut infliger de huit à dix jours de prison.

En cas de récidive, le coupable est traduit devant le tribunal de l'ouzara (chambre criminelle) ; cela commence à devenir sérieux. Aussi, on ne s'y frotte guère. A Tunis comme ailleurs, le commencement de la sagesse, c'est la crainte du gendarme.

Est-ce qu'on ne pourrait pas essayer un peu de ce système, dans notre beau pays ?

Industries indigènes.

Beaucoup de touristes rapportent de Tunisie des étoffes fabriquées à Lyon ou ailleurs. Il est certain que nos fabricants français n'ont pas eu de peine à copier le travail indigène et même à le surpasser en perfection.

C'est en cette matière que l'on peut dire : « Le mieux est l'ennemi du bien. » L'amateur préférera toujours au produit européen, plus régulier, le produit indigène, plus pittoresque, d'une symétrie toute fantaisiste.

« Je me suis souvent arrêté, dit M. Lallemand, pour voir travailler des brodeurs arabes appliquant des soutaches ; jamais je ne les ai vus reporter d'un côté sur l'autre des parties symétriques d'un dessin double. »

Le tisseur ne fera pas deux pièces d'étoffe pareilles. La rayure aura toujours quelques millimètres de plus ou de moins que la même rayure répétée dans le retour de la même disposition. C'est ce qui fait le charme des étoffes orientales.

Tunis est encore, au point de vue industriel et commercial, sous le régime des corporations, aboli en France depuis 1789. Chaque fabrication, chaque fraction de fabrication, est groupée en un corps que préside l'Amine.

A ce propos nous nous rappelons une de nos anciennes connaissances de Tunis, Si-Mohamed-ben-Zaccour, Amine des *Heraria* (tisseurs de soie), un gros personnage dont la boutique avoisine la mosquée Zitouna, dans la rue des Etoffes, et dont les produits étaient à l'Exposition.

Ben-Zaccour est un homme aimable et de grand air, très décoratif dans son haïk, du type que l'on appelle à Tunis « les Andalous » parce que la tradition veut qu'ils descendent de ces Maures d'Espagne expulsés par Isabelle et Ferdinand.

« Les Abencérages, dit Chateaubriant, se fixèrent dans les environs de Tunis. Ils formèrent à la vue des ruines de Carthage une colonie que l'on distingue encore aujourd'hui des Maures d'Afrique par la douceur de ses mœurs et l'élégance de ses lois. »

Ben-Zaccour descend peut-être des maîtres de Grenade !

L'art du tisserand tunisien est limité par les moyens d'exécution d'un métier primitif, plus grossier encore que celui de nos anciens tisserands. C'est le métier légué par les Phéniciens.

Cet art ne dépasse pas la rayure et quelques dessins provenant de la ligne droite. Il ne faut leur demander ni des fleurs ni des figures. Mais les étoffes rayées, chinées, mêlées d'or et d'argent, sont faites par eux à merveille. Ils ont un étonnant sentiment de la couleur, une harmonie à eux, des gammes audacieuses.

Il y a quelques années, Mohamed-ben-Zaccour tenta la pratique du métier Jacquart, à l'instigation d'un lyonnais, M. Emile Lançon. Il ne paraît pas que cette innovation se soit très vivement acclimatée.

L'Exposition nous montre la plupart des objets fabriqués par les tisserands tunisiens, les *burnous* et les *gandouras* légères que l'on porte en été, tissées soie ou laine, ou laine et soie, les *foutas* de soie ou de coton dont les femmes ceignent leurs reins pour le travail du ménage, les *haïks* dont s'enveloppent les hommes par dessus le burnous, les *chembirs* ou voiles des femmes, les *Takritas* ou foulards de soie lamée d'or qu'elles nouent

Galerie intérieure des Souks.

autour de la tête pour retenir le voile ou les cheveux, les turbans rayés et quadrillés de rouge et de blanc, les *serouals* (pantalons) de soie richement brodée...

Mais il serait indiscret d'aller au delà. Jetons sur les dessous féminins de la femme arabe un de ces voiles de soie légère qu'ordonne le Sinnam.

Mohamed-ben-Zaccour, l'avant-dernier des Abencérages, emporte deux médailles d'argent et une mention honorable. Gloire à Dieu et au Prophète !

Galerie intérieure des Souks.

La série des boutiques du souk se continue dans les jardins où de légères constructions abritent d'autres commerçants.

Là encore la couleur locale a été précieusement conservée. Le promeneur est sollicité par l'étalage du bijoutier non moins que par celui du potier ; son flair et son goût l'entraînent vers le magasin du confiseur, ou la boutique du marchand de couscous ou encore du côté des fourneaux, d'où s'échappe le fumet d'une suave friture à l'huile.

La joaillerie tunisienne est trop connue pour avoir besoin d'être décrite ; l'Europe d'ailleurs ne se fait pas faute de la copier et le Palais-Royal regorge de porte-bonheur, de colliers en médailles et de chapelets copiés sur l'article tunisien.

La joaillerie indigène n'en est pas moins un article très couru occupant, à Tunis seulement, près de deux cents patrons, tous israélites.

Dans les années de sécheresse, les pasteurs et les cultivateurs berbères, à court d'argent dépouillent leurs femmes de leurs bijoux et les portent à la ville, où le bijoutier les paie leur pesant de monnaie d'argent, de *flous*, comme on dit là-bas ! La création d'un Mont-de-Piété couperait court à cet intéressant commerce. On en parle depuis longtemps. Cela viendra. Ce sera le *clou* de la colonisation.

Le potier expose des gargoulettes, des pots à fleurs, des jarres pour le lait ou l'huile. C'est un article d'une grande simplicité, qu'on ne se donnera pas la peine de contrefaire.

L'ouvrier, qui campe ordinairement sous la tente ou dans un gourbi couvert de toiles et de peaux, sur le sol même d'où il extrait la précieuse argile, la façonne aujourd'hui comme il y a deux mille ans.

Ces jarres de terre rouge au ventre énorme, ces gargoulettes au col effilé, grossièrement rayées de dessins en noir, sont presque des articles carthaginois.

Salambô aurait pu boire dans cette coupe !

Et qui sait ? Les chéchias même sont peut-être une mode remontant à saint Augustin, primat d'Afrique.

Après avoir été l'objet d'une énorme entreprise à Tunis,

l'industrie des chéchias est aujourd'hui bien déchue. C'était le triomphe de la Tunisie. La camelotte l'a tuée.

La chaussure est un des luxes du Tunisien. Il en met deux paires l'une sur l'autre. Il est vrai qu'il met la seconde en savate pour être plus tôt déchaussé ; il est vrai aussi qu'il se chausse et se déchausse à chaque instant, à propos de bottes, allais-je dire ?

Et combien il a raison, le sage tunisien !

S'il va à la mosquée, il doit s'agenouiller et baiser les dalles sacrées... Avouez que ce ne serait pas ragoûtant si quelqu'un devant lui, si lui-même avait déposé sur ces dalles la boue de ses semelles !

Il va au café ; il rentre chez soi ; sa posture habituelle est la position assise, les jambes croisées en tailleur, sur la natte ou le tapis, selon sa fortune. Encore une fois serait-il convenable qu'il traînât sur ces meubles des semelles maculées ?

Ce fut toujours une question de propreté qui inspira les traditions du musulman arabe ou africain ; et s'il porte la tête tondue sous sa chéchia, c'est pour éviter les maladies de la chevelure.

Il se rase les cheveux dans la crainte de les voir tomber.

* *

Saluons en passant les poupées tunisiennes...

La carcasse (si j'ose employer cet horrible vocable pour d'aussi gracieuses créatures) est d'origine parisienne, mais l'ajustement, le vêtement et la parure, sont à la mode de Tunis.

J'ai vu quantité de parisiennes acheter de ces mannequins en miniature pour, l'hiver prochain, se faire habiller à la tunisienne, ni plus ni moins que des patriciennes de Bab-al-Djezira.

Eh bien ! mais, c'est ça qui fera aller le commerce ! Il n'est pas précisément économique, le costume de ces dames.

Savez-vous que le moindre complet se compose de quatorze pièces superposées, les moins élégantes sur le dessus, les plus riches en dessous, de telle sorte que tant plus une femme se déshabille, tant plus elle est belle !

Cette métamorphose, il est vrai, une femme ne l'accomplit qu'en la plus stricte intimité, sous l'œil de son seigneur exclusivement et même alors, elle garde une chemise qui laisse à découvert les bras et les seins, avec, par dessus, une riche camisole de brocart ou moire brodée appelée *Fermla,* bien qu'elle doive toujours rester ouverte...

Je vous dis là des choses, des choses !... Les poupées seront mon excuse...

— Eh ! brodeur, mon ami, combien me prendras-tu pour orner une jaquette à la façon de ta gandourah ?

Nous convenons d'un prix et vous verrez, ô parisiennes, quel relief prendra ce vêtement, quel usage il me fera ! On ne voit jamais le coton de ces patientes broderies, et puis, lorsque je serai lasse de la porter, je convertirai les manches en vide-poches, des petits côtés je ferai des embrasses, des devants, un cadre de glace, et du dos... Ah ! du dos, je ferai une calotte à mon beau-père !

Vous plaît-il que nous allions voir un barbier ?

Les devantures des boutiques de barbier sont toutes taillées sur le même patron. Elles mesurent environ trois mètres de large sur deux mètres et demi de hauteur. Trois panneaux dans la largeur ; celui du milieu, c'est la porte ; les deux autres sont en bois sculpté, à jour, bariolé de toutes couleurs et pourvu d'une petite fenêtre.

L'intérieur est tout en profondeur ; un vrai boyau. Une banquette court d'un côté, où s'assoient les clients, la tête droite, appuyée au mur.

Le barbier, coiffé du turban, est en bras de chemise, avec

un gilet jaune ou rouge. Le bas du corps est entouré d'une fouta rayée de bleu et de rouge, retenue aux reins par une ceinture de cuir dont un large bout ballotte sur le devant et sert à repasser les rasoirs.

La boutique du barbier est un lieu de réunion et de causerie pour les désœuvrés.

Loggia de la salle des Missions scientifiques.

Cet artiste cumule les fonctions. Il pratique les saignées opportunes ; il pose les sangsues ; il arrache les dents. Il coupe... ce que Moïse et Mahomet ont également proscrit comme superflu. La circoncision n'a pas de mystère pour lui, et quand il opère sur un sujet de famille souveraine, il ne touche pas moins de mille piastres d'honoraires.

Le fameux Zmerli, qui a représenté la corporation à l'Esplanade, en est un des membres les plus distingués. Mais, nous dit-il, il n'a pas fait ses frais.

Beaucoup de visiteurs, peu de clients.

Beaucoup de pelés, peu de tondus.

Le jour où M. le président Carnot et M. Spuller ont visité les Souks, Zmerli s'est précipité pour leur faire agréer l'hommage d'un rasoir d'honneur. Il s'attendait à en recevoir une médaille. Cruelle injustice: le palmarès a oublié le nom de ce chevalier du rasoir et de la lancette!

La maison du Djérid.

En dehors des éléments fournis par les boutiques variées qui composent le souk et les rues du quartier tunisien, M. Saladin a imaginé un pavillon supplémentaire appelé pavillon du Djérid, où les industries du meuble et du vêtement sont pour ainsi dire synthétisées sous la forme d'un intérieur arabe animé par de riches mannequins figurant l'habitant, à l'instar du musée Grévin.

Le Djérid, c'est la région des oasis. La maison où nous entrons est une maison bourgeoise, cossue, où le luxe tunisien paraît avec ses grandeurs et son rococo.

Le luxe, c'est la profusion des tapisseries, des nattes, des divans et des coussins recouverts de riches étoffes. Le rococo, ce sont les glaces immenses à vulgaire dorure, les pendules en zinc sous des globes de verre, les fleurs artificielles et les chromos qui encombrent l'appartement.

Est-ce à dire que les tunisiens manquent de goût? Non pas, mais ils ont leur goût à eux. Ils ont le goût de la couleur et de l'harmonie dans les lignes. Le tunisien porte la gandourah, le haïk, le turban et le burnous, à faire rêver un statuaire.

Un mendiant accroupi au seuil de la mosquée, — le moindre

yaouled (gamin) jouant au bouchon sur la voie publique, vous a dans ses guenilles une allure de modèle à déconcerter la place Pigalle !

Le tunisien a le goût de la parole, des belles phrases ornées de figures, d'allusions élégantes, d'expressions laudatives... Il a son goût et sa civilisation, l'un engendrant l'autre ; mais si nous en jugeons par la jeunesse d'aujourd'hui, il ne tardera pas à se mettre à notre diapason, si même il ne nous dépasse pas !

Je trouve que déjà il a fait du chemin en ces dernières années. A voir quel empressement il apporte à se métamorphoser en européen, à dépouiller le riche et joli costume oriental pour revêtir la jaquette ou la redingote moderne, je regrette de le trouver si façonnable à nos mœurs, si prompt à copier nos usages.

Tout à l'instar de Paris ! semble être la devise à la mode.

Et l'écho de répondre : — Vive l'instar !

Après avoir admiré l'intérieur de la maison du Djérid, nous donnerons un coup d'œil à ses façades. C'est une construction d'un caractère vraiment original. Les murs sont en briques, simplement, d'une brique locale, grise, séchée au soleil. Seulement ces briques, au lieu de former extérieurement une surface plane, sont disposées de manière à produire des saillies et des creux symétriquement, dont l'ensemble se rapproche assez des dessins géométriques communs à tous les arts arabes.

L'opposition des saillies plus ou moins accentuées et des creux plus ou moins profonds donne au grand jour des effets décoratifs d'un curieux aspect et surtout peu coûteux.

Il serait intéressant d'en faire l'essai dans ceux de nos pays de France où la brique est d'un usage général et commun. J'y songerai quand je ferai bâtir.....

Mais la lente et monotone mélopée d'un orchestre invisible nous arrache à la contemplation des bourgeois du Djérid en leurs atours somptueux. C'est le concert qui nous appelle !

Nous passons devant le fétaria (confiseur), dont les pâtes, les

nougats, les tranches de cédrat confit et les orangeades exercent sur le flot des visiteurs une invincible attraction, surexcitée encore par les appels énergiques d'un beau nègre de la Goulette.

— Ia, mossié, ia, madama, baragouine master négrot, voilà Bommbomm, achetez Bommbomm-bomm.

Et chacun de ses *bomm* sonne comme un coup de canon.

Ainsi, les joies du palais précèdent les plaisirs de l'ouïe et de l'œil, que nous ménage le concert.

Entrons ; il n'en coûte qu'un franc !

Pendant cinq mois les représentations des danseuses tunisiennes ont eu lieu sous les ormeaux de l'Esplanade. On avait clos un grand carré. Sur le côté faisant face à l'entrée se trouvait une estrade ornée d'étoffes tunisiennes. C'est là que se trémoussaient les brunes ballerines de la Blanche Tunis. Au fond de l'estrade se trouvait l'orchestre indigène. Un *kanoun* (sorte de cithare), un violon et deux clarinettes arabes avec une plaque à l'anche, comme pour empêcher d'avaler l'instrument. Je ne parle pas des tambourins et des *darboukas*, poteries musicales en usage dans toute l'Afrique. L'usage de cette vaisselle à musique ne demande aucune aptitude spéciale; une fois le rythme trouvé, chacun en peut jouer; la danseuse qui vient d'opérer l'évolution gastrique s'assied paisiblement, prend un darbouka et accompagne la camarade qui la remplace sur l'estrade.

La danse du ventre?

Que voulez-vous que j'en dise? Nous autres femmes, nous n'avons vu dans cette gymnastique particulière qu'un dévergondage de nombril, sans rime ni raison. Il paraît que les hommes, des vieux surtout, ont quelque goût pour ces singuliers tressautements « abdominables; » mais je ne leur en fais pas mon compliment.

Cependant, je dois accorder des circonstances atténuantes, bien atténuantes, aux danses tunisiennes. Je les trouve plus acceptables que celles des almées d'Égypte. Celles-ci, le corps droit et rigide, glissent sur le parquet, parcourent l'estrade de droite à gauche et de gauche à droite, à l'instar de l'ours blanc dans sa cage. Tout est concentré dans le mouvement du ventre et le frissonnement des seins. De danse?... néant.

La juive tunisienne enveloppe les effets du ventre dans une danse très gracieuse, souvent pleine de caractère, avec de très beaux mouvements de bras, qui font flotter les foulards qu'elle tient dans les mains, comme si des oiseaux voltigeaient autour d'elle pendant ses évolutions érotiques.

Hélas! l'impresario n'avait pas amené au concert de la section tunisienne ses plus belles danseuses de Tunis. Tant s'en faut. Celles qu'il nous a montrées dansaient bien; mais Dieu! qu'elles étaient laides! Le costume était superbe. Cela sauvait la tête.

Pendant le dernier mois, la déroute s'était produite dans la bande, et le public, confiné dans un long couloir, ne voyait, en fait de danseuses tunisiennes, qu'une infiltration d'Almées égyptiennes. Seul, un jeune négrot, fort habile équilibriste, représentait encore l'élément tunisien. Il exécutait la danse du ventre avec plusieurs carafes pleines d'eau échafaudées en obé-

lisque au-dessus de sa chéchia. Cela n'aura pas empêché des
millions de provinciaux et de nobles étrangers, — je parle de
ceux des derniers jours, — de raconter à leurs familles qu'ils
ont vu les danseuses tunisiennes.

Macach! alors!

Le Rhamadan.

L'Orient a conservé la poétique coutume de compter le temps par lunes. La lune règle le Rhamadan, qui est tout ensemble le carême et le carnaval des musulmans, carême le jour et carnaval la nuit. L'époque du Rhamadan varie tous les ans de onze jours. Le Rhamadan revient donc tous les trente six ans à la même époque.

Pendant ce mois à double face, une ville arabe donne le spectacle étrange d'un peuple qui fait pénitence du matin au soir et qui fait bombance du soir au matin.

Au lever du soleil, pour annoncer le jeûne, le canon tonne du haut de la *Casbah* (citadelle). On se lève, on vaque aux affaires les plus urgentes, sans entrain, sans ressort.

Ce peuple, qui vit la cigarette aux lèvres, ne fume plus. Ces amateurs forcenés de bon kaoua, ils désertent la boutique du kaouadji.

Un engourdissement s'est abattu sur la ville dont les rues semblent s'allonger à l'infini, désertes, silencieuses ; maisons closes, bouches closes, paupières closes !

Mais voici que le soleil s'efface derrière les vastes plaines de la Manouba ; et déjà la vie renaît dans la cité arabe. Les portes s'ouvrent et les rues s'emplissent de burnous flottant sur les épaules des élégants Numides, des fins Arabes, des Turcs à l'allure massive.

Sur le seuil des cafés, accroupis, les clients se massent, et, tandis que dans l'ombre de son officine le kaouadji dose ses poudres et prépare ses bouillottes, ils attendent, la cigarette aux lèvres, l'allumette à la main, prêts à faire feu.

— Bomm !

C'est la voix du canon. Un grand cri s'élève de la foule.

— Allah !

Les allumettes s'enflamment de toutes parts ; des milliers de cigarettes s'allument ; les langues se délient ; le café circule dans les tassolettes ; les camelots, juifs ou italiens, poussant devant eux leur confiserie roulante, débitent les glaces à deux caroubes, les pois grillés ou les gâteaux au miel.

Cependant les ombres descendent sur la ville en rumeur de fête ; les kaouadji allument leurs lanternes, fixées tout bonnement à des piquets enfoncés dans la terre ; des guirlandes de lampions apparaissent aux crênelures des minarets, sous les colonnades des mosquées, à la porte des koubas sacrées ; tandis que dans les baraques foraines de Halfaouine, ceintes d'une muraille de toile, réservées aux pupazzi, aux ombres chinoises qui résument l'art du théâtre en Orient, commencent les grossières représentations de Karakous, du monstrueux et emblématique Karakous !

Nos bons marchands tunisiens de l'Esplanade des Invalides ont fidèlement observé le Rhamadan, au grand ébahissement des curieux. On les a vus pendant le mois sacré somnoler tout le jour sur leur comptoir, dans le fond de leur case, sans fumer, sans boire ; et soudain, au canon de la tour Eiffel, se réveiller le soir pour commencer la « noce » de rigueur. Karakous leur a manqué, mais ils ont eu Paulus.

On ne saurait pousser plus loin la couleur locale !

Porte des Souks sur le jardin.

V.

PARTICIPATION DES COLONS.

Origines de la colonisation.

Si pittoresque, si curieuse, si intéressante que soit cette partie de la section tunisienne, elle ne doit pas seule nous retenir. Elle ne représente que la Tunisie indigène, qui a plus de brillant que de force, et tient plus de place en façade qu'en profondeur.

Il nous reste à faire connaissance avec la véritable Tunisie, la Tunisie française.

La France cependant n'a pas conquis la Régence ; elle n'a pas, comme on l'avait fait naguère en Algérie, mis la main sur des terres banales qui pussent être partagées entre des Européens.

Elle a trouvé en Tunisie des propriétaires dont elle a respecté les droits. Mais les garanties même que sa protection donnaient à à la propriété ont déterminé un grand mouvement de fonds, ont encouragé les capitaux français à s'acheminer vers ce pays.

Le passé de ces terres, qui furent le grenier de Rome, garantissait le parti qu'on en pouvait tirer ; et d'autre part la trop grande étendue des propriétés réunies entre les mains d'un petit nombre de possesseurs indigènes — inhabiles à les exploiter eux-mêmes — les mettaient à un prix dérisoire qui ne pouvait manquer de faciliter les acquisitions.

De là, depuis l'ère du Protectorat, la création d'un certain nombre de domaines européens, français surtout, aujourd'hui en plein rapport, et qui figurent à l'Exposition, représentés par leurs produits. N'y avait-il en Tunisie aucun propriétaire français avant l'occupation ? Il serait inexact de dire catégoriquement *non*. Nous avions depuis très longtemps des comptoirs à Tunis, à Sousse, à Sfax. Quand nous sommes entrés en Tunisie nous y avons trouvé une colonie française composée d'une quarantaine de négociants. Quelques-unes de ces familles étaient fixées depuis un siècle et plus. Je citerai les Gandolfe de Sousse, une famille patriarchale, catholique ; — les Chapelié, d'origine protestante, venus à la suite de la révocation de l'Edit de Nantes ; — les Monge, les Rousseau, les Van-Gaver de souche flamande, etc. Depuis la constitution de 1861, les Européens avaient l'autorisation de bâtir à l'intérieur des villes ; mais ils se souciaient médiocrement d'acquérir des propriétés rurales d'une exploitation périlleuse et aléatoire.

Il n'a pas fallu plus que ces six dernières années pour changer la face de la Régence, transformer des plaines arides en prairies verdoyantes et des colines désolées en de riches vignobles.

C'est l'œuvre collective de la colonisation française ; c'est le résultat du travail intelligent et opiniâtre d'une poignée de colons dont l'exemple assure la prompte reconstitution de la Tunisie entière. Le nom de ces pionniers ne saurait être perdu pour l'histoire.

Le cardinal Lavigerie.

On se figure ordinairement le colon africain comme une sorte d'aventurier chassé de son village par la misère et débarquant sans sou ni maille sur un sol d'où il compte tirer sa fortune à peu de frais. On croit voir cet autre Robinson flanqué d'un Vendredi berbère, s'essayant, sur cinquante pieds carrés d'une terre desséchée, au triple rôle de pasteur, d'agriculteur et de commerçant.

Ça n'est pas ça du tout! Le colon tunisien, lui, est avant tout un capitaliste, un homme de ressources, qui achète de la terre en Tunisie parce qu'elle y est à meilleur marché et de meilleure qualité qu'ailleurs — aussi parce que le climat, le ciel, le milieu, présentent des agréments qui apportent une aimable compensation aux fatigues et aux soucis de la première exploitation.

Dans notre résumé historique il a été question de la Société Marseillaise, devenue, dès 1880, propriétaire du magnifique domaine de l'Enfida, sous le nom de Société Franco-Africaine. Mais est-il bien juste de dire qu'elle soit le premier de nos grands propriétaires-colons tunisiens?

Avant elle, je vois la France tenter ses premiers pas, prendre ses premières racines en Tunisie par l'intermédiaire de quelques notabilités qu'il n'est pas permis de négliger.

A tout seigneur, tout honneur! Commençons par S. E. le cardinal Lavigerie.

Je me reprocherais de ne pas saluer en passant cette imposante et glorieuse figure de patriarche, l'honneur de son pays et de son siècle.

S. E. le cardinal Lavigerie est un de ces hommes qui sont nés pour les hautes vues, les desseins grandioses, pour conduire les troupeaux humains. Avocat, il serait certainement devenu un grand ministre; et, soldat, il eût commandé des armées. Sa destinée l'a fait prêtre, et il s'est taillé un empire dans la chrétienté. C'est le pape de l'Afrique. Il a son palais sur la montagne même où s'élevait Carthage; demain il aura sa milice pour disputer le continent noir aux marchands d'esclaves. En attendant, il tient le monde en haleine et traite avec les gouvernements.

A ses débuts, l'abbé Lavigerie est, en Sorbonne, un brillant professeur d'éloquence. Evêque de Nancy, son diocèse ne suffit pas à son activité, il entreprend l'œuvre si considérable des écoles d'Orient. Archevêque d'Alger, il entre aussitôt en lutte contre la peste, contre le maréchal de Mac-Mahon, alors gouverneur général, et contre le sol jusque-là rétif à la colonisation. La mise en valeur de l'Algérie ne remonte pas au-delà de son épiscopat. Il a donné le premier exemple. Le comte d'Haussonville, qu'animait un si noble dévouement, a pu prendre modèle sur lui, et réussir.

A peine une entreprise tracée, lancée, mise dans la bonne voie, Monseigneur Lavigerie songe à une autre. Quand il voit que ça commence à prendre bonne tournure dans son diocèse d'Alger, il se tourne vers la Régence de Tunis, et se demande ce qu'il pourrait faire de bon par là.

Eh! parbleu! c'est bientôt trouvé. Après la prise d'Alger par M. de Bourmont (1830) le bey de Tunis a éprouvé quelque émotion. Notre consul général, M. Mathieu de Lesseps, en a abusé: il a demandé et obtenu de Mohamed-Bey une concession sur la colline de Byrsa, qui domine la Goulette. Une multiple tradition se rattache à cette côte; — ce fut la citadelle, l'acropole de Carthage; Louis IX y succomba en 1270. Le souvenir de Didon y est mêlé à celui d'Annibal; la légende et l'histoire se disputent ces ruines éparses, ce sol désolé

Où dorment confondus dans la nuit du tombeau,
Saint-Louis, Roi de France, auprès de Salammbô!

Mais nous voici, grâce à M. de Lesseps père, propriétaires d'un terrain en Tunisie. Une chapelle y est construite, et le drapeau tricolore flotte à son sommet.

Façade du Palais Tunisien sur l'avenue centrale.

L'archevêque d'Alger avait ses vues. A son tour, il négocie avec le gouvernement beylical et obtient l'autorisation d'installer près de la chapelle, pour subvenir aux besoins du service, quel-

ques-uns de ses missionnaires africains, les Pères Blancs, de
création récente (1875).

Il s'agissait d'honorer la mémoire d'un grand roi français,
très vénéré à Tunis même: personne ne prit ombrage de l'entrée
du cardinal sur le territoire. Mais Monseigneur Lavigerie est
de ces natures envahissantes qui ne savent se contenter. Pour
loger ses missionnaires il bâtit un couvent, pour les nourrir il
achète des terres avoisinantes. En peu de temps, il devient
possesseur d'une partie du cap qu'occupait Carthage. Ses
quatre missionnaires deviennent légion; son couvent devient
séminaire et collège. L'archevêque d'Alger est en train de conquérir la Tunisie.

— Cet homme-là nous vaut un corps d'armée, disait Gam-
betta en 1881.

La constitution des domaines de Carthage remonte donc à
1875. Ce n'est cependant qu'en 1881 que le cardinal a fait ses premières plantations, il a continué chaque année et a créé un vignoble remarquable pour lequel le jury lui a décerné un Grand Prix.

Mais quel grand prix serait capable de récompenser digne-
ment l'ensemble de son œuvre colonisatrice, la première en
date et la plus considérable!

Le Bône-Guelma.

La France disons-nous, n'a pas conquis la Régence; elle l'a
pénétrée, ce qui est mieux. Par la force même de son expan-
sion coloniale, par la vertu de son action civilisatrice, elle avait
commencé, bien avant la guerre de 1881, à s'infiltrer, si j'ose dire,
dans le domaine tunisien, à se mêler à la vie du beylic. Cette lente et
progressive pénétration se manifeste au lendemain de la conquête
d'Alger. Il ne tenait ce jour-là qu'au gouvernement de Louis-
Philippe d'imposer un protectorat au bey consentant (1832)

Le représentant de la France à Tunis sous le second Empire, M. Léon Roches, accentue autant qu'il est en son pouvoir
ce rôle de tuteur amical que prenait le gouvernement de l'Em-

percur à l'égard du gouvernement beylical. Mohamed-es-Sadok quittant Tunis à la tête des princes de sa famille pour aller saluer Napoléon III sur le territoire algérien (1) et se confondre dans la suite des chefs qui faisaient cortège à ce souverain, quelle constatation de notre influence !

Les désastres de 1870-71, habilement exploités, refroidissent les sentiments du bey, qui tourne les ailes de son moulin du côté où souffle le vent, — à ce qu'il croit du moins. C'est le moment où Tunis incline vers la mode italienne ; mais ce courant ne dure pas, ne saurait durer. L'influence française reprend le dessus avec M. Roustan en 1874. Le cardinal Lavigerie fait son entrée en scène entre quatre pères blancs, moitié moines, moitié colons. Voici maintenant la Compagnie Bône-Guelma.

Cette société française a été fondée pour l'exploitation d'une partie des voies ferrées algériennes. D'abord limitée au tracé de Bône à Guelma (1875), elle s'est naturellement prolongée jusqu'à Constantine, d'où elle se relie aux lignes qui rejoignent Sétif, Alger et la province d'Oran.

On pense bien que la Compagnie de Bône-Guelma a eu, dès le premier jour, les yeux tournés vers la Régence. Est-ce que la Tunisie n'est pas le prolongement de l'Algérie ?

Déjà elle construit l'embranchement de Guelma à Souk-Ahras, qui amène son matériel jusqu'à la frontière tunisienne. Il n'y a plus qu'un pas à franchir ! Grâce à notre consul général, la Compagnie obtient du bey la concession d'une ligne qui doit s'amorcer à Souk-Ahras et aboutir à Tunis (convention du 8 mars 1877) avec un embranchement de Tunis à Hammam-Lif et un autre de Beja-Gare à Beja-Ville. Voilà donc la France pénétrant en Tunisie, pacifiquement encore et sûrement, par une nouvelle fissure !

La concession accordée à nos compatriotes comportait nécessairement, outre le terrain strictement nécessaire à l'établis-

_____

(1). Voyez La *Régence de Tunis au XIX*e *siècle*, par A. de FLAUX.

sement de la voie, de tout un ruban large de cinquante mètres
de terres en dépendant, tout le long de son parcours. Ces terres
allaient devenir le champ des plus intéressantes expériences de
colonisation.

C'est en 1880, au mois de mars, que la dernière section du
chemin de fer de Tunis à Gardimaou fut ouverte à l'exploitation. La Compagnie de Bône-Guelma, dont le président était
M. Charles Géry, l'ancien conseiller d'État, administrateur émé-
rite, homme d'initiative, — aujourd'hui président de la Banque
de Tunisie, — la Compagnie, disons-nous, résolut de planter
quelques hectares de vignes, autant pour donner l'exemple que
pour permettre à ses agents de se procurer un jour une boisson
authentique.

L'emplacement fut choisi près de la station de l'Oued-Zargua.
En même temps, pour assainir les environs de la gare, on y plan-
tait des eucalyptus par milliers. Les plants provenaient du jardin
d'essai d'Alger, cet Éden merveilleux, et point du tout chimé-
rique, que dirige M. Rivière.

La guerre interrompit les premiers essais, qui furent repris
aussitôt après la pacification. Ils réussirent. Pouvait-on ne pas
les imiter? C'est ainsi que la Compagnie de Bône à Guelma
d'une part et son président M. Géry d'autre part (car cet
infatigable colon a aussi ses domaines personnels dont nous
reparlerons) se sont placés eux-mêmes au rang des pionniers
de la première heure, de ceux dont le souvenir restera mêlé à
l'histoire de la colonisation.

Ce chapitre ne serait pas complet et cet oubli serait une injustice si, à côté des domaines de l'Oued-Zargua, je ne citais
pas la pépinière et le petit jardin d'essai créés à Tunis même
par la Compagnie, et qui fut pendant longtemps les Champs-
Élysées, le bois de Boulogne des Français résidant dans la capitale; — et si, après M. Géry, je ne faisais une place à M. Dubos,
l'ingénieur principal, le délégué de la Compagnie à Tunis, où,
pendant plusieurs années, en qualité de premier vice-président

M. Henri Saladin, Architecte de la Section Tunisienne.

français de la municipalité, c'est-à-dire de maire européen, il a présidé aux transformations de la ville franque, jaloux de conserver à la ville arabe son aspect pittoresque.

Accroissement de la colonie.

Ainsi, au moment où la France dut intervenir les armes à la main dans les affaires de la Régence, des intérêts français très considérables y étaient déjà représentés par le cardinal Lavigerie, par la Compagnie Bône-Guelma (M. Géry), par la Société Franco-Algérienne (M. Rey), enfin par M. le Comte de Sancy, — que j'allais omettre, — ancien membre de la Commission financière et concessionnaire des haras de Sidi-Tabet (1), situés dans la vallée de la Medjerdah, près de Tunis.

L'exemple donné par ces gros propriétaires, les remarquables résultats qu'ils avaient obtenus, la sécurité garantie par le nouveau régime et les réformes promises, allaient créer en faveur de la Tunisie un courant qui se manifestera au cours de ces dernières années par la constitution d'un grand nombre de domaines français, les uns en plein rapport, les autres aux trois quarts appropriés, un petit nombre acquis d'hier et qui seront demain aussi prospères que leurs aînés.

L'ensemble des propriétés rurales acquises par des français ne s'élève pas à moins de 300,000 hectares. C'est un chiffre respectable.

Cette colonie agricole si considérable contient des noms déjà connus et cités ; d'autres trouvent ici leur place ; ce sont :

MM. Bontoux et Brolemann, propriétaires à Mégrine ;
    de Carnières frères, propriétaires à Soliman ;
    Crété et Cⁱᵉ, propriétaires à Douemis-Aïn ;

---

(1). Cet ancien domaine de Khéreddine (5,000 hectares environ) est passé depuis entre les mains de la Société Franco-Africaine, qui y entretient un haras considérable et une vacherie modèle. On a obtenu un produit remarquable par le croisement de la race charolaise avec la race indigène. Sidi-Tabet comprend aussi un vignoble de 120 hectares.

MM. Dumont, propriétaire à la Soukra ;
    Albert Duvau, propriétaire à la Soukra ;
    d'Espaigne, propriétaire à Hassein-Bey ;
    de l'Espinasse, propriétaire à El-Hajeb ;
    de Faucamberge et Humbert, propriétaires à Mograne ;
    Féret, propriétaire à Souk-el-Kmis ;
    Emile Lançon, propriétaire au Khangat-Hadjaj ;
    Mille et Laurans, propriétaires à M'raïssa ;
    Pisani et Dupré, propriétaires à Ras-el-Tabia ;
    Pilter et fils, propriétaires à Ksar-Tyr ;
    Paul Potin, propriétaire à Bordj-Cédria ;
    Reclus et Guignard, propriétaires à Mornag ;
    Savignon, propriétaire à Bir-Kassaa ;
    Terras, propriétaire à Ahmed-Saïd.

A ces propriétaires, agriculteurs ou viticulteurs dont je ne puis malheureusement citer tous les noms, il convient d'ajouter quelques Sociétés immobilières anonymes.

La *Société de Schuiggi* (près Tébourba), dont le siège est à Paris, a pour président M. Picot, de l'Institut, et pour administrateurs MM. Paul Leroy-Beaulieu et Georges de Montalivet. Son représentant à Tunis est M. le commandant Gérodias, l'un des co-propriétaires.

La *Société Foncière de Tunisie* bien qu'elle renferme des éléments étrangers, n'en est pas moins essentiellement française.

Cette Société a été constituée en 1885 au capital de quatre millions de francs, pour l'exploitation des propriétés de l'ancien ministre Mustapha-Ben-Ismaïl. A peine constituée, elle eut à soutenir un procès en revendication de la part du Bey qui contestait les titres de Mustapha.

Défendue par M. Floquet, qui avait fait exprès le voyage de Tunis, la Société foncière put mettre fin à ce procès par un arbitrage accepté de S. A. Ali-Bey et entrer en jouissance des propriétés contestées. Elle en exploite une partie, elle vend ou elle loue le reste.

La Franco-Africaine.

A l'inverse donc de ce qui s'est fait en Algérie, la colonisation se fait en Tunisie à coups de capitaux. Le colon n'est pas un ouvrier qui va cultiver un coin de terre à lui concédé. C'est un propriétaire qui fait travailler. On n'exproprie pas le paysan, l'indigène ; on lui donne du travail, on le guide, on l'aide

Le paysan ou fellah, depuis des siècles, vit misérable sur une terre devenue misérable à la suite de l'invasion des Vandales, de la conquête des Arabes, de la domination des Turcs.

Le protectorat français lui rend la condition qu'il devait avoir au temps des romains, avec en plus, la dignité de l'homme libre.

Le fellah est le collaborateur du colon français. Comment s'opère cette collaboration ?

Deux cas se présentent. Le colon est un particulier de fortune moyenne ; il a fait deux parts de son bien ; avec la première, il a acheté l'*Enchir* de son goût, il conserve la seconde pour exploiter l'enchir. Il faut généralement compter beaucoup plus pour la mise en exploitation que pour l'achat. On trouve aisément à acheter de 100 à 300 francs l'hectare ; la mise en valeur reviendra à 600, 1.000, parfois 1.200 francs. Le colon, s'il a cinq ou six cents hectares, restreint son exploitation directe à un petit espace ; il traite pour le reste avec le paysan sur le pied de la demi-récolte. C'est le système du métayage. Voilà pour le premier cas.

Le second s'applique aux colons riches. Ceux-là embauchent tout bonnement le fellah comme ouvrier, avec des chefs d'équipe et des contre-maîtres tirés d'Europe. On comprend que la main-d'œuvre indigène soit la seule pratique. L'ouvrier français a des besoins complexes qui l'obligent à demander un salaire relativement élevé. La Sicile et la Sardaigne envoient de leurs

côtés des travailleurs qui ont déjà des prétentions moindres ;
2 fr. 5o ou 3 francs par jour, mais le fellah ne coûte que 1 fr.
5o ou 2 francs au maximum.

Il arrive qu'un propriétaire a recours aux deux méthodes à
la fois, et même à un plus grand nombre. C'est le cas de la Société Franco-Africaine.

La Société n'a pu exposer l'Enfida. C'est dommage. Elle a
dû se contenter de nous en montrer les produits. Mais j'ai sous
les yeux une intéressante brochure, signée de M. Charles Lallemand, qui, en même temps qu'elle me fait jouir des luxurian-
tes perspectives de cette région, m'expose le fonctionnement de
son exploitation.

120,000 hectares, est-il dit, ce n'était pas facile à cultiver di-
rectement ! On s'est donc borné à créer un vignoble et à constituer des troupeaux de race ovine et bovine.

Pour le surplus de cet immense territoire, on se proposa :

De reconstituer les cantons forestiers ;

De créer de vastes prairies par voie d'irrigation ;

D'allotir les terres pour faciliter les ventes et locations ;

D'amener l'indigène à recourir aux procédés modernes de la
culture, comme locataire ou métayer ;

D'utiliser enfin les ressources naturelles telles que l'alfa, les
jardins de cactus, les forêts d'oliviers, etc.

L'Enfida fut en conséquence divisé en trois arrondissements
dirigés chacun par un intendant européen. Au Nord, Reyville.
Ce nom lui vient du vaillant président de la Société ; mais j'au-
rais mieux aimé Villerey , qui sonne tout autrement ! Au centre, Enfidaville ; au sud, Menzel.

Des lots urbains et des lots ruraux ont été dessinés. Une
trentaine de colons sont devenus acquéreurs à Enfidaville, la
plupart français. Une trentaine de familles d'origine sicilienne
ont peuplé Reyville.

Ce chef-lieu possède, à quatre kilomètres, un petit port d'embarquement et n'est pas éloigné de Hammamet.

Enfin, une voie ferrée dont la construction est décidée et qui doit aller de Tunis à Sousse, traversera l'Enfida dans sa longueur en desservant chacun des trois chefs-lieux.

Outre ces trois grandes divisions, l'Enfida se subdivise encore en dix-neuf cantons, ayant chacun à sa tête un *ouagaf* ou intendant indigène, qui est en quelque sorte l'intermédiaire entre la Société et les locataires fellahs.

Le crayon de M. Lallemand nous fait assister en une suite de croquis ravissants aux différentes phases de l'exploitation dans cet admirable domaine, que dirige depuis sa fondation M. Mangiavacchi, le délégué de la Société.

La Société Franco-Africaine expose victorieusement dans toutes les classes. Elle emporte quatre médailles d'or (produits agricoles, céréales, huiles, specimen d'exploitation) ; 5 médailles d'argent (produits agricoles non alimentaires), céréales, huiles, vins et spécimen d'exploitation); une médaille d'argent pour la corderie et une mention honorable pour la distillation.

Son président, M. Albert Rey, est une des notabilités de la finance contemporaine. Tout jeune, il débutait dans les affaires par la Société Marseillaise, fondée par son père, et qui, entre ses mains, ne tardait pas à devenir la plus puissante maison de Marseille. A une intelligence remarquable, à une intégrité qui va jusqu'au scrupule, M. Albert Rey joint la qualité des hommes forts, le besoin d'activité, le don de l'initiative. On a vu quel rôle fut le sien en 1879 ! Nombreuses sont aujourd'hui les sociétés qu'il a créées, qu'il dirige ou dont il est administrateur :

Franco-Africaine, Banque de Tunisie, Société Immobilière de Marseille, Société Foncière de Tunisie, Huileries et Savonneries méridionales, Chemins de fer du Sud de la France, etc.

A la suite de l'Exposition, et comme inspirateur de la colonisation de l'Enfida, M. Rey a été élevé à la dignité d'officier de la Légion d'honneur.

Les Vignobles Tunisiens.

Une galerie tout entière du palais tunisien a été réservée à l'exposition des produits qu'une colonisation intelligente et vigoureuse a su tirer du sol numide.

Le pittoresque ici a dû faire place au pratique.

A l'exception des tentures drapées aux portières et de quelques mannequins en cire costumés de manière à représenter un Kroumyr, son épouse, un cultivateur du Sahel et un pêcheur de la côte occidentale, rien de somptueux dans la galerie de l'agriculture (aile droite).

Mais quoi ! on ne pouvait pas dresser des obélisques avec des grains d'orge, ni composer des panoplies en assemblant des bouteilles de vin de Carthage goulot à goulot !

Nécessairement nous entrons ici dans un magasin, et si l'œil n'y puise aucune satisfaction artistique, l'esprit en conçoit une vive admiration, je dirais presque un profond respect pour cette belle et bonne terre d'Afrique qui répond à l'amour de nos colons par une génération si abondante de ses produits.

Ce qui domine, ce qui frappe surtout, c'est la variété et l'abondance des vins, le nombre imposant des bouteilles rangées en bataille sur les rayonnages qui couvrent les murs. Ce sont aussi les vitrines où brillent dans leurs flacons les huiles au reflet d'or de l'antique Bizacène (Sahel).

La vigne et l'olivier, ce sont en effet les deux trésors de la Tunisie.

Les indigènes cultivent la vigne depuis la plus haute antiquité ; ils la laissent courir le long des arbres et n'y pratiquent aucune espèce de taille.

On a vu plus haut que les premiers essais de viticulture ne remontent pas au delà de 1879 et que l'extension de cette industrie date de 1883 seulement.

Eh bien, on a mis le temps à profit !

Les plantations de vigne occupent aujourd'hui environ *quatre mille hectares*.

Les vins tunisiens ont tenu une place d'honneur dans l'ensemble de l'Exposition universelle, et leur kiosque de dégustation n'a pas manqué d'être fréquenté.

Le jury a classé les vins du vignoble de Carthage en première ligne non seulement de l'exposition tunisienne, mais de tous les exposants de la classe 73. Le grand prix, attribué au cardinal Lavigerie, honore la viticulture tunisienne dans son ensemble.

Je l'ai goûté, son muscat de Carthage, et, par Salammbô! je trouve que le jury a bien fait. On parle d'un fou qui croyait avoir réussi à emprisonner les rayons du soleil dans un carafon. J'ai commencé à croire que ce pût être possible, en dégustant le vin doré des coteaux de Sidi-bou-Saïd.

Son Eminence n'a pas — heureusement — le monopole des bons vins tunisiens, même des muscats.

MM. Crété et Cie, qui ont un vignoble de 275 hectares, ont obtenu deux médailles d'or; leur muscat n'est pas inférieur.

Médaille d'or aussi à MM. Géry et Lemaire, pour leur vignoble de l'Oued-Zergua (120 hectares); à MM. Reclus et Guignard (72 hectares); à M. Terras (100 hectares à Ahmed-Saïd et Zarouni); à la Société de Schuiggi (300 hectares), et à M. Feret (60 hectares).

M. Paul Potin, qui a un vignoble de 406 hectares, étant membre du jury, ainsi que M. Henri Savignon, qui en a un de 110 hectares, se sont trouvés hors concours.

Des médailles d'argent ont été attribuées au vignoble de la Société Franco-Africaine (300 hectares); à la Compagnie Bône-Guelma, à M. de l'Espinasse, à M. Duvau, à M. Pilter, à MM. Bontoux-Brolemann, à MM. Dumont, de Carnières, d'Espaigne, Mille et Laurans.

Mais la viticulture n'est pas tout, dans la production du vin, la bonne vinification est un important facteur du produit

définitif. Sur ce point, il est important de signaler quelques-
uns des celliers édifiés par nos viticulteurs. L'exposition n'y a
pas failli.

Le cellier de l'Enfida est un véritable monument qui pourrait contenir à lui seul les vingt mille hectolitres qu'a produits
la Tunisie, cette année.

Après celui-là, il faut citer le cellier de MM. Crété et
Cⁱᵉ, monumental aussi, parfaitement garanti par des cavaliers
en terre, enfin la cave ou les caves du domaine de l'Oued-Zargua
que les touristes, par curiosité, visitent en passant.

En résumé la viticulture a brillamment réussi en Tunisie ;
la plus grande partie des cépages, déjà acclimatés en Algérie,
le sol et la terre s'y prêtent ; il n'y a qu'à encourager nos colons
à persévérer, car ainsi que l'a fort bien dit le rapporteur de la
classe 73, M. Savignon : « l'influence française y prendra racine
avec la vigne ! » (1).

---

(1) Pendant que j'écrivais ces notes, un rapport de l'inspecteur de l'Agriculture
accusait pour 1889 une récolte totale de 32,000 hectolitres, soit une augmentation
de 10,000 hectolitres sur la récolte de 1888.

L'olivier et ses fruits.

Après la vigne, l'olivier, l'arbre précieux, la ressource des terres sèches, pierreuses, des pays que ronge un soleil ardent.

On est assuré de le rencontrer partout en Tunisie; sur les plateaux, dans les vallées, au bord de la mer, au fond des oasis du sud. On le trouve à l'état de sujet isolé disséminé sur les côtes et les landes ou bien groupé en petits vergers dépendant de l'enchir voisin. Ailleurs il constitue de véritables forêts dont la surface a été évaluée à 170,000 hectares.

Pendant des siècles la culture de l'olivier est demeurée stationnaire par le fait de l'incurie des indigènes. Aucun soin donné à l'arbre, qui croît s'il plait à Dieu; cueillette sommaire du fruit ou plutôt abattage à coups de gaules, enfin procédés d'extraction tout à fait primitifs, meules grossières, donnant une huile infecte. Tel était l'état des choses il y a dix ans.

On ne le croirait pas à voir les huiles limpides et savoureuses que le Sahel tunisien expose aujourd'hui.

Cette transformation ne s'est pas faite tout d'un coup. D'abord des industriels de la côte provençale commencèrent à faire venir les olives tunisiennes pour les triturer. Puis ils achetèrent les huiles indigènes pour les rectifier. De toute façon la Tunisie si riche en oliviers était obligée de payer fort cher les bonnes huiles qui lui revenaient de Marseille. L'exploitation sur place s'imposait. C'est aujourd'hui une révolution accomplie.

En tête du mouvement est venue la *Société générale des huileries du Sahel*, qui a atteint du premier coup la perfection des plus anciennes huileries de France. Un grand prix lui a été décerné. Son directeur, M. Gaillard, a reçu en outre la croix de la Légion d'honneur.

Après lui vient M. Amédée Gandolphe, chef d'une vieille famille française de Sousse, et qui a obtenu une médaille d'or.

Les huileries tunisiennes ont en outre reçu trois médailles d'argent et deux médailles de bronze.

On comprendra l'importance des encouragements donnés à cette industrie, si l'on veut bien considérer qu'à elle seule, elle fournit près du quart des exportations de la Régence. Sur dix-neuf millions et demi de produits exportés pendant l'exercice 1305 (1888), les huiles figurent pour quatre millions et demi (1). Et ce n'est qu'un commencement.

L'olivier n'est pas précieux seulement par son fruit. Son bois dur, compact, homogène, d'une couleur jaunâtre dans ses jeunes ans et plus tard d'une teinte chamois veinée de brun, est susceptible des appropriations les plus variées, et c'est une des matières les plus recherchées par l'industrie locale.

On le travaille avec facilité ; il se tourmente peu ; il reçoit un très beau poli. On peut l'employer à des ouvrages d'ébénisterie, de tour, de marqueterie, à des instruments aratoires tels que fourches, rateaux et charrues.

Le prix d'une charrue en olivier, non compris le soc, est de 10 francs. La population indigène en emploie environ cent mille dont une moitié est annuellement mise hors d'usage par suite des habitudes de négligence de leurs propriétaires.

La colonisation tend, depuis ces dernières années, à faire pénétrer dans les usages, l'emploi de nos instruments européens. Les charrues en olivier sont donc condamnées à disparaître.

Ajouterai-je, pour terminer cet éloge de l'olivier, que ses forêts constituent de délicieuses promenades, que l'aspect de ses vieux troncs séculaires est empreint d'un touchant caractère de gravité et de mélancolie, enfin, qu'il est utile aux hommes jusqu'au delà de sa mort, car il fournit le charbon le plus apprécié après celui du chêne? Paix à ses cendres ! mais que dis-je? Ces cendres mêmes seront recherchées entre toutes par les ménagères tunisiennes. Elles font d'inimitables lessives !

(1) *Le commerce de la Régence de Tunis en 1305*, par J. Montels.

Richesses forestières.

Le naturaliste latin Pline nous a laissé un tableau piquant de ce qu'était la culture des oasis tunisiennes en ce temps-là.

« Sous un palmier très élevé, dit-il, croît un olivier ; sous l'olivier un figuier ; sous le figuier un grenadier ; sous le grena-

Entrée principale des Souks.

dier la vigne ; sous la vigne on sème du blé ; puis des légumes, puis des herbes potagères, et toutes ces plantes dans la même année croissent à l'ombre les unes des autres. »

Mais il ne faut pas confondre les oasis, c'est-à-dire le désert, avec la Tunisie, dont l'étendue est assez vaste et le sol assez riche pour qu'on y puisse cultiver séparément la vigne, l'olivier et le froment.

Ce que rendent les deux premiers sujets, on vient de le voir. Nous trouverons l'exposition des dattes dans une autre galerie. Les palmiers sont en effet dans la dépendance de l'administration des forêts, qui s'est construit un pavillon pour elle toute seule, un élégant châlet dont les parois extérieures sont couvertes de troncs de palmiers (architecte M. Saladin).

Là, les forêts tunisiennes peuvent s'étendre à l'aise, se montrer à nous sous forme de cartes et de tableaux statistiques, étaler les échantillons de leurs produits naturels ou manufacturés.

C'est une exploitation bien autrement considérable qu'on ne se l'imagine, celle des forêts de la Régence !

Leur superficie est d'environ 800,000 hectares, 650,000 susceptibles d'utilisation, sur lesquels 460,000 sont du domaine de l'Etat.

Quant à la flore forestière elle comprend 210 espèces dont 79 peuvent être utilisées.

Le gouvernement des beys se préoccupait fort peu de la conservation du domaine forestier et cette incurie menaçait de compromettre gravement son existence même. Des industriels exploitaient à tort et à travers les lièges de reproduction et les écorces à tan ; les indigènes se chauffaient avec le reste.

C'est seulement en 1884 que le Protectorat a créé un service des forêts sous la direction de M. Henri Lefebvre, inspecteur des forêts délégué par le ministère de l'Agriculture.

Le domaine forestier utilisable a été divisé en cinq circonscriptions : Tunis, Tabarka, Aïn-Draham, le Kef et Gafsa, à la tête desquelles sont placés des inspecteurs adjoints et des gardes généraux, chaque circonscription est divisée en brigades, celles-ci en triages. Le service occupe 11 brigadiers et 58 gardes, dont 21 français. C'est bien peu, si l'on songe qu'il s'agit de 625,000 hectares à surveiller.

Les dépenses du personnel se sont élevées de 1884 à 1889

à 480,375 francs, ce qui représente, par hectare et par an,
o fr. 15 cent., trois sous, le prix d'une impériale sur l'omnibus.

Par réciprocité, les forêts ont rapporté au Trésor deux millions de piastres depuis l'organisation du service, c'est-à-dire en cinq ans, soit quatre cent mille piastres par an.

C'est M. Zurlinden inspecteur des forêts qui a présidé à l'exposition forestière, sous la direction de M. Sanson.

Une carte générale dressée par M. Ménage, géomètre attaché à la direction, nous montre le domaine forestier dans son ensemble, avec le relief du sol et des teintes variées pour distinguer les diverses cultures. La carte géologique est due à M. Aubert, chef du service des mines dans la Régence.

Des cartes spéciales représentent les forêts de la Khroumirie, les brigades de Fervana et Tala et l'oasis de Gabès (dressées par M. Blanc, chef de service à Gafsa).

Voici des albums de photographies, des plans de maisons forestières et de baraques.

L'herbier forestier de la Tunisie exposé et mis à la disposition des visiteurs studieux, est destiné à faire connaître les plantes ligneuses qui y croissent. Les échantillons ont été recueillis par les agents du service des forêts, soit au cours de leurs tournées, soit dans les itinéraires parcourus avec les membres de la mission botanique présidée par M. Cosson, de l'Institut.

Mais ce que la direction des forêts s'est attachée à mettre en relief, c'est la valeur industrielle et commerciale des produits de son domaine.

Nous ne saurions, si intéressante que pût être cette promenade, la suivre dans l'énumération méthodique et détaillée des soixante-dix-neuf espèces utilisables de la flore forestière. Nous sommes obligés de nous limiter aux principales d'entre elles.

Le palmier et les dattes.

Le palmier-dattier n'est pas seulement un arbre élégant créé pour réjouir l'œil et embellir le paysage africain. C'est, dans l'immense région des sables, la base de la culture des oasis. Son fruit est la principale nourriture du berbère nomade ou pasteur ; il protège de son ombre des arbres fruitiers plus sensibles que lui à l'ardeur dévorante du soleil saharien. Enfin, quand il cesse de produire assez abondamment, vers la soixantaine, il offre son bois à l'industrie. Les habitants des oasis l'emploient fendu en quatre pour construire le plancher destiné à supporter les terrasses de leurs maisons ; il est débité en planches pour la menuiserie. Il sert à construire des gourbis, des déversoirs et des barrages pour les canaux.

Les branches servent à faire des clayonnages et des clôtures. Fendues en lanières, on les tresse en paniers, en éventails, en chapeaux, en couvre-plats, en couffins, etc. Des spécimens de ces objets figurent à l'exposition forestière.

On évalue le nombre actuel des palmiers à deux millions environ ; mais il y a de nombreuses variétés. Nous avons sous les yeux des échantillons de *deux cents espèces* de dattes ! La production totale de dattes est à peu près de 842,000 quintaux, dont la valeur est de 8 millions de francs dans le pays de production.

Il s'en faut cependant que cette prodigieuse quantité de fruits soit utilisée. Les tableaux de l'exportation n'enregistrent que 7,000 quintaux dont la valeur commerciale est de 270,000 francs.

A côté du palmier-dattier, il y a le palmier-nain (chamerops humilis) que les indigènes emploient pour la fabrication d'objets ménagers, de nattes, de couffins, de cordes, de balais, d'éventails pour souffler le feu (très avantageux pour projeter les cendres dans les casseroles et sur les rôtis !)

Le chamerops est à proprement parler une mauvaise herbe

prolifique et encombrante comme toute mauvaise herbe, et que les colons pourchassent sans trêve ni pitié. Il aura bientôt disparu et ne se retrouvera plus que dans les serres parisiennes où on le recherche pour son effet décoratif.

Ce parasite sera plus heureux que beaucoup d'honnêtes

Pavillon de l'Exposition des Forêts de Tunisie.

plantes qui ne sont qu'utiles. Il est joli. Il vient de loin. Faut-il autre chose pour réussir à Paris !

La Khroumirie et ses forêts.

Si le palmier est le produit naturel des oasis sahariens, le chêne est l'hôte principal des plateaux supérieurs de la Medjerdah et des montagnes de la Khroumirie.

— Tiens ! ça existe donc la Khroumirie ?

On n'est pas sérieux en France, il faut en convenir. On fut longtemps à douter de l'existence des khroumirs, ces montagnards indépendants qui motivèrent notre campagne de 1881.

Seuls, ceux de nos troubades qui revenaient de là-bas, rongés par la fièvre, tout tristes du souvenir des pauvres camarades tombés sous les balles ennemies et qui maintenant dorment au fond des ravins, s'étonnaient de ce scepticisme inconsidéré.

Mais quoi ! raisonne-t-on avec la blague parisienne ? Pas plus, hélas, qu'avec la superstition et le fanatisme arabe. Khroumir ! cela semblait un mot trop drôle pour être vrai.

Désormais nos saints Thomas du boulevard ne douteront plus. Ils ont vu la Khroumirie à l'Exposition, cet imposant massif couvert de forêts épaisses qui s'étend au nord de la Régence, à l'ouest de Tunis et s'allonge jusqu'à joindre la frontière algérienne. Bien mieux, ils ont vu des khroumirs !

Qui ne les a pas vus !

Il y avait l'homme et la femme, debout aux angles de la galerie des produits agricoles. Lui, vêtu de la *qmedja* (chemise) de grosse toile, tombant aux genoux, jambes nues, chaussé de sandales de sparte ; autour des reins la ceinture où pendent les armes (il est chasseur ou brigand à l'occasion) ; de ses épaules tombe une sorte de burnous fait d'une vulgaire toile à sac ; un turban de laine jadis blanche couvre sa tête, encadre son visage ras, au teint de bistre, d'expression dure et cruelle.

Elle a la mine plus avenante, l'épouse de ce barbare. Son haïk de grosse laine bleue, serré aux reins, rejeté en arrière par dessus l'épaule et ramené en avant, l'enveloppe comme une longue robe de chambre (1) et lui fait dans le dos une sorte de capuchon, de hotte si vous aimez mieux, où se blottit l'enfant, gros bébé réjoui déjà coiffé de la chéchia. La mère a d'ailleurs le

---

(1) Ce vêtement, très commun dans tout l'Orient, est-il autre chose que le *pallium* des latins, le *peplon* des grecs ?

visage décoré de peintures, de larges filets au carmin, de tatouages bleus sur le front et la pommette des joues, avec de larges anneaux accrochés aux oreilles.

Ce groupe figuratif est en cire. N'importe! on n'est pas fâché de voir des khroumirs. On est sûr ainsi qu'il y en a!

S'il y a des khroumirs, il y a donc une Khroumirie. Sans doute! et je vous invite même à la visiter, amis de la nature; c'est un admirable pays, d'une variété d'accidents qui laisse loin en arrière la Suisse tant vantée; c'est un pays dont les dessous ne sont pas moins riches que la surface; c'est en un mot le pays des mines inépuisables et des forêts impénétrables.

Des mines, il en sera question tout à l'heure. N'oublions pas que nous visitons en ce moment l'exposition forestière.

Donc, la direction des forêts nous dit : Vous avez vu mes oliviers, vous avez vu mes palmiers. Voici mes chênes!

Et d'abord, le chêne-liège. Cet arbre occupe en Tunisie une superficie de 116,000 hectares. On le trouve disséminé un peu partout, mais en Khroumirie il forme des massifs superbes dont l'exploitation est rendue facile par le voisinage de la mer et de la voie ferrée qui relie Tunis à Bône.

La valeur du chêne-liège réside surtout dans son écorce qui fournit le liège et dont la partie interne produit un tan très renommé. Son bois est de qualité inférieure; les indigènes en font des perches pour construire leurs gourbis, des pieux et des bois de charrues. Ils donnent les feuilles aux bestiaux et ils mangent les glands; il n'y a rien de perdu!

La première écorce du chêne est impropre au commerce. On l'enlève dès que le sujet a atteint o m. 50 de tour. Alors se forme l'écorce nouvelle appelée liège de reproduction.

Jamais les forêts de la Khroumirie n'avaient été démasclées. On a commencé seulement en 1884. Le nombre des chênes-lièges démasclés a été de 3,360,000 répartis sur une étendue de 37,000 hectares. Les premières levées de liège de reproduction auront lieu en 1892. Elles continueront sans interruption les années suivantes, et dans un délai de dix ans les forêts de chênes-lièges tunisiens entièrement mises en rapport produiront un revenu annuel de deux à trois millions de francs.

Le liège tunisien, à en juger par les échantillons exposés, est de belle qualité et de cette couleur blanche si recherchée dans le commerce.

On peut donc planter de la vigne et faire du vin dans la Régence. Ce ne sont pas les bouchons qui manqueront !   .

Le chêne-zéen est cousin du chêne-liège. Comme lui il se plaît de préférence dans la région Khroumire, où on le trouve constitué en massifs de hautes futaies (il atteint de 25 à 3o mètres en hauteur). Ses qualités physiques le rendent éminemment propre à la construction.

La création du réseau des routes forestières de la Kroumirie occidentale a permis de commencer l'exploitation des massifs de zéen dont la totalité approche 5oo,ooo hectares. Des adjudications annuelles de coupe ont été faites depuis 1883, dont le volume total a été de 11,ooo mètres cubes. Le transport par voie ferrée a paru coûteux. On songe à utiliser le petit port de Tabarka qui serait relié aux coupes par des voies étroites de o m. 6o.

Nous voyons à l'Exposition un modèle de pont forestier en bois de zéen, exécuté à Tunis par l'usine Dumergue. Nous y voyons aussi des traverses de chemin de fer utilisées par la Compagnie de Bône-Guelma ; de nombreux échantillons de bois de sciage et de tonnellerie !

Ah ! les foudres et les bordelaises, cela réjouit l'œil. Quand je le disais, que la viticulture pouvait à son aise s'étendre ! Pas plus que pour ses bouchons elle ne sera gênée pour ses récipients ; employons le style noble : pour ses vaisseaux.

Essences Diverses.

Les autres essences ligneuses sont répandues un peu partout, mais par quantités moins considérables.

Je dois me borner à citer les plus communes et les usages auxquels elles se prêtent.

Le chêne kermès, le citronnier, l'oranger, l'amandier, le jujubier, le thuya, le caroubier, l'azerolier, sont des espèces abondantes et propres aux travaux du tour et de la marqueterie. On sait que cette industrie est en honneur chez les Arabes et qu'ils y excellent. Nous avons de beaux échantillons de leur habileté et des matériaux qu'ils emploient.

Le gommier est particulier à la région des Chotts. Il forme un boisement de 35,000 hectares entre Gafsa et Mahrès. C'est un bel arbre de croissance paresseuse qui donne un bois dur et compact très recherché pour l'ébénisterie.

Le pin maritime occupait une vaste étendue dans la région nord. Ses massifs ont été incendiés en 1881 ; il faudra encore quelques années pour les reconstituer entièrement.

Le pin d'Alep est une des essences les plus intéressantes de la Tunisie. Il couvre dans la zône forestière au sud de la Medjerdah toutes les montagnes calcaires (environ 180,000 hectares). Il conserve à l'état boisé des régions qui, par leur assolement ou leur altitude, ne sauraient convenir à nulle autre essence forestière. Comme bois de menuiserie, il remplace le sapin ; son écorce donne un tan recherché et sa racine un excellent goudron.

L'exploitation des écorces à tan et des résines est encore du ressort de la direction des forêts. M. Henri Lefebvre, dans sa substantielle notice (un véritable volume, presque une encyclopédie forestière !) nous apprend que l'on tire le tan des écorces du chêne-liège, du chêne-zéen, du chêne vert, du chêne-kermès, du noyer, du pin d'Alep.

Les exploitations entreprises depuis 1885 dans les forêts tunisiennes ont donné les résultats suivants :

75,000 arbres exploités ; 120,000 quintaux d'écorce récoltés ; prix de vente total, 770,000 francs.

Moyenne du rendement par arbre, 195 kilos d'une valeur de 14 francs.

Jusqu'en 1888, l'État s'était réservé le monopole de la tannerie des cuirs de bœuf. Aujourd'hui la tannerie est libre. La consommation des peaux tannées est d'ailleurs peu considérable. On l'évalue à 2,000 quintaux métriques pour toute la Régence.

Le Halfa.

Rattacherai-je le halfa aux produits agricoles plutôt qu'aux produits forestiers ? Il y a conflit d'attributions entre les deux groupes.

S'il existait une exploitation régulière, personnelle, nominative du halfa, nul doute que l'exploitant, industriel ou agriculteur, eût exposé dans la galerie des produits agricoles.

Cet exploitant n'existe pas, en ce sens que tout le monde exploite le halfa librement ; ce n'est pas une industrie localisée, aussi risquerions-nous de ne rien savoir de ce produit et de ses applications, si la direction des forêts n'avait adopté l'orphelin, l'abandonné, ne lui avait offert l'hospitalité dans son pavillon.

Vous allez juger si c'était action utile !

Le halfa est une graminée, qui couvre d'immenses étendues dans les Etats barbaresques, depuis le Maroc jusqu'à la Tripolitaine. En Tunisie seulement, il occupe 1,500,000 hectares situés dans la partie méridionale et orientale de la Régence. Sa production peut être évaluée à 300,000 tonnes environ, dont la cinquième partie est consommée sur place par les indigènes, qui se servent du halfa pour la nourriture de leurs bestiaux, pour la fabrication de nombreux objets à leur usage et pour couvrir leurs habitations. Il en reste les quatre cinquièmes disponibles pour l'exportation.

En 1881, une concession qui s'appliquait aux terrains compris entre Sfax et Gabès avait été accordée à une Compagnie française. Le concessionnaire n'ayant point rempli les conditions stipulées sur le cahier des charges (la principale l'obligeait à ouvrir à la circulation une voie ferrée longeant le littoral), son privilège lui fut retiré en 1887.

Aujourd'hui, l'exploitation du halfa est libre et pratiquée par les indigènes qui l'apportent sur les marchés et dans les ports d'embarquement, Sousse, Sfax et Gabès. Sfax est le grand marché du halfa.

La presque totalité du halfa produit en Tunisie est exportée en Angleterre; la France n'en achète chaque année qu'une très faible quantité. Il est embarqué sur des navires anglais qui apportent du charbon à Malte et le prennent comme frêt de retour. Le prix du halfa en Angleterre est d'environ 12 fr. 3o le quintal métrique.

L'Exposition ne nous fait pas connaître les usages auxquels est approprié le halfa ainsi expatrié ; ce n'était pas dans son cadre. On sait cependant que la plus grande partie de ce produit est appliquée à la fabrication des papiers à bon marché dont l'Angleterre inonde les marchés du vieux et du nouveau monde.

En revanche, voici toute une série d'objets fabriqués avec le halfa par les indigènes et pour leur usage : des nattes pour couvrir le sol et les murailles, des couffins, des paniers à grains, des paniers doubles pour garnitures de bâts, des paniers pour le transport des olives, des licols, des muselières pour les chameaux, des bricoles, des traits, des colliers, des entraves, des cordes, etc.

C'est une plante précieuse que celle dont vivent des tribus entières, sur un sol impropre à d'autres destinations. Halfa, modeste graminée, tu n'as rien à envier au superbe dactylifère, au verdoyant olivier, à la vigne fleurie !

Mines et Carrières.

Après les produits du sol, ceux du sous-sol font bonne figure à l'Exposition. Le sous-sol tunisien a été formé de terrains sédimentaires dont les plus anciens appartiennent à l'étage jurassique. On y trouve d'importants gisements de marbre et de minerais.

Les marbres de Chemtou sont représentés par la fontaine du patio, par des colonnettes éparses çà et là, par une cheminée monumentale dans la galerie nord.

Ces marbres sont d'un grain extrêmement fin, d'une belle coloration jaune et rouge ; parfois la dominante est le jaune café au lait ; souvent aussi c'est le rose.

A ces symptômes, M. Cagnat n'a pas hésité à reconnaître dans les produits des carrières de Chemtou les marbres dits *numidiques* qui furent célèbres chez les Romains. Pline donne la date de son importation à Rome, l'an 616. On en fit ensuite une débauche.

On a reconnu le marbre de Numidie dans la colonne qui fut élevée à César sur le Forum.

Nous avons donc nos titres de noblesse !

Après un abandon de plusieurs siècles, une Société a été formée pour remettre ces trésors souterrains en exploitation. C'est une Société Franco-Belge-Tunisienne.

Son président, M. Closon, est de Liège ; un de ses administrateurs, le général Baccouch, est tunisien ; son délégué est un Français, M. Raymond Valensi, ingénieur civil des plus distingués, créateur des minoteries de Djedéida, qui représente en Tunisie la maison Decauville et a puissamment concouru à l'installation de la première usine à gaz de Tunis.

Chemtou est situé dans la vallée de la Medjerdah. Un chemin de fer de six kilomètres relie le centre de cette exploitation, qui est aujourd'hui un véritable village, à la ligne Bône-Tunis (station de l'Oued-Meliz), prononcez: Eau-de-Mélisse.

Un outillage puissant et perfectionné, mû par une machine

à vapeur de la force de soixante chevaux, permet de livrer au commerce des marbres en blocs, tranches et carreaux, et des marbres ouvrés tels que cheminées, colonnes, escaliers, vases, etc. La Société a un dépôt à Paris, rue de Trévise, nº 25, chez

Détails de gauche de la façade postérieure.

M. Miroy qui a organisé avec un goût très sûr l'exposition des marbres de la Section tunisienne.

C'est la Compagnie de *Mokta-el-Hadid* (près de Bône), qui exploite les minerais de fer de la Khroumirie, en vertu d'une concession qui remonte à 1884. Le petit port de Tabarka, protégé par un fort qui a joué son rôle pendant la guerre, a été utilisé par le concessionnaire, pour le transport de ses minerais. Une mine de plomb est exploitée près de Tunis, au Djebel-Rsass, par une Société italienne. Il y a enfin des gisements aurifères au Djebel-bou-Heudma. Saint Augustin l'affirme. Les capitaux, jusqu'à présent, n'ont pas eu foi en la parole de cet illustre père de l'Eglise, et aucune tentative d'exploitation n'a été commise. C'est à essayer. Avez-vous des fonds ?

Récapitulation.

Après l'étude que nous venons de faire des produits de la Tunisie, il nous est permis d'en déterminer à grands traits l'économie générale.

Au-dessus de 1,000 mètres d'altitude, le sol est constitué par des calcaires durs impropres à la culture, dénudés ou couverts de broussailles rabougries, de forêts de pins d'Alep ou de halfa.

La région comprise entre 600 et 1,000 mètres, qui porte le nom de Hauts-Plateaux, est cultivable sur tous les points où les érosions ont mis à nu les terrains marneux et où le quartenaire a rempli les dépressions des couches plus anciennes. Les céréales y donnent des rendements considérables, et la végétation forestière se manifeste par les plus beaux massifs de la Khroumirie.

De 400 à 600 le halfa devient moins abondant ; la végétation forestière décroît ; l'agriculture se développe ; l'olivier s'étend.

La zône inférieure, comprise entre 400 et le niveau de la mer, comprend les dunes maritimes ou salines, les lacs, les chotts, et les plaines. Son étendue est de dix millions d'hectares (sur treize millions, surface totale).

En essayant de classer le sol de la Tunisie d'après sa nature et son emploi actuel, on arrive aux résultats suivants :

Terres labourables et prairies, en hectares. . .	2.605.738
Vignes	3.330
Oliviers	169.160
À reporter. . .	2.778.228

	Report. . .	2.778.228
Palmiers.		18.900
Figuiers de Barbarie		34.100
Boisements.		810.746
Landes à pacages et pâtures		5.211.416
Dunes littorales		15.650
— sahariennes		1.792.000
Halfa		1.500.000
Lacs, marais, fleuves, rivières		1.104.600
Routes, propriétés bâties, divers		31.300
	TOTAL.	13.297.000

On voit si la colonisation a ses coudées franches.

Ces chiffres sont extraits de la notice que la direction des
forêts a jointe à son exposition pour la compléter ; heureuse ins-
piration qui ajoute au mérite des créateurs du pavillon forestier. Une médaille d'or et une médaille d'argent ont été justement attribuées à ce service.

La destinée des choses.

Cette exposition de la flore tunisienne ne sera pas dis-
persée.

Le muséum du jardin des Plantes a reçu la belle collection
des nombreuses espèces de dattes du *Djerid* renfermée dans
des bocaux, la collection des essences forestières et celle des
plantes ligneuses de Tunisie.

Notre ami Landrin a obtenu, pour son beau musée d'ethnographie du Trocadéro, les objets fabriqués en halfa par les indigènes. Les curieuses charrues primitives, pareilles à celles qu'on
employait au temps des Romains, les chariots ou traineaux à
dépiqueter armés de silex en dessous, d'origine égyptienne,
tous les autres instruments agricoles et industriels en bois et les
objets fabriqués en osier par les indigènes tunisiens prennent
également le chemin du musée d'ethnographie. Cet excellent
M. Landrin ne se sent plus de joie.

La collection des instruments agricoles et celle des essences
forestières pouvant se dédoubler, l'institut agronomique recevra

son lot. L'Ecole forestière a retenu la collection des écorces à tan,
le beau cerf de Khroumirie empaillé et divers autres objets. La
Suisse a demandé et obtenu certains objets. Le comité a fait
quelques dons, entre autres un charmant coffret à Mme Carnot.

Le Minaret et la Koubba.

J'allais oublier de dire que divers objets de gros volume,
tels que les bâts de mulets et de chameaux et les troncs de palmiers qui forment le pavillon tunisien s'en vont au pavillon des
forêts, qui sera conservé au Trocadéro. Que ne pouvons-nous
conserver la Section tunisienne toute entière !

Agents indigènes des Services publics.

VI

PARTICIPATION DES POUVOIRS PUBLICS

S. A. Ali-Bey.

L'extension si rapide de la colonisation en Tunisie, ses progrès prodigieux sont, ai-je dit, une œuvre collective ayant eu pour coopérateurs les colons, l'administration française et le gouvernement de S. A. le Bey.

La participation des colons, on la connaît maintenant, par à peu près au moins, car cette rapide étude ne saurait se flatter d'avoir tout embrassé d'un si vaste sujet !

Quel a été le rôle du gouvernement ? Quel a été le rôle de l'administration, c'est-à-dire de la Résidence ?

C'est ce qu'il nous reste à voir, et nous allons pour cela franchir de nouveau le monumental escalier du Palais tunisien, et pénétrer dans l'aile gauche tout entière consacrée à l'Exposition collective du gouvernement.

Le salon beylical occupe le fond, il est tendu des plus belles tapisseries de Kairouan, des plus belles étoffes des souks. La lumière qui tombe des vitraux fait briller l'or et l'argent des broderies, les vives colorations des tapis et des tentures.

Le plafond en est très élevé ; il a toute la hauteur de la kouba de Sidi-ben-Arouz, que le salon occupe entièrement ; des verreries françaises l'éclairent à la partie inférieure ; on a intercalé plus haut des vitraux tunisiens ou *chemsahs*.

Qu'est-ce que c'est qu'un chemsah ? tout bonnement une dalle de plâtre ajouré, réduit à l'état de dentelle et dont les jours sont fermés par des verres de couleur.

Quel travail, juste Dieu ! et quelle patience il y faut apporter ? l'artiste opère ordinairement sur du plâtre fraîchement gâché, il y trace à l'avance son dessin, à la pointe sèche, et c'est à l'aide d'un outil tranchant, gouge, ciseau ou burin, qu'il défonce, qu'il évide. L'effet de ces vitraux est ravissant : il faut se garder d'en laisser perdre la tradition.

Les broderies d'or et d'argent que nous trouvons dans le salon beylical représentent aussi un art traditionnel. On y trouve curieusement mêlées des réminiscences de l'ornementation antique et de l'art bizantin et des importations étrangères comme la disposition purement géométrique propre aux sémites et les floraisons fantaisistes d'origine persane dont l'art musulman a été pénétré.

S. A. Ali-Bey et son frère Taïeb-Bey et son fils Mohamed-Bey et jusqu'aux aimables princesses de la famille, ont concouru à garnir ce salon d'honneur.

Le souverain y est représenté par une grande et belle photographie de Benque. Les visiteurs ont donc pu contempler en effigie l'auguste vieillard dont la loyale attitude a été d'un si précieux appui pour l'œuvre de la colonisation, et que son âge seul a retenu cet été en son palais de la Marsa.

On est si bien à la Marsa !

A mi-longueur de la ligne qui joint Tunis à la Goulette, on

descend du chemin de fer dans un carrefour champêtre ombragé d'oliviers. Une route se présente, majestueuse entre les autres ; on s'y engage, et on arrive devant le palais d'Ali-Bey.

Avant de le voir on le devine, car de mille mètres à la ronde on n'entend que le bruit du clairon et le grondement du tambour. On croirait au voisinage d'une armée. On approche et à trois cents mètres, on commence à percevoir le susurrement aigu du fifre et de la cornemuse indigènes.

Voici le palais. Ce n'est ni Fontainebleau, ni Versailles, ni l'Escurial, ni même Mustapha-Supérieur. C'est un amas de constructions lourdes, sans style, immenses, qui tiennent du couvent et de la caserne, avec des balcons à l'italienne et des persiennes peintes en jaune, en bleu, en vert, et toujours closes.

Dans la cour, une gazelle, des autruches à l'œil bête, des conscrits culottés de pantalons trop courts, des fonctionnaires surchargés de passementeries et de croix, vont et viennent dans une confusion hâtée, au son de la fanfare indigène qui berce la sieste du Souverain.

Le charme de la Marsa, ce sont les jardins : une féerie, un paradis terrestre. Combien est sage le prince qui se contente de ce délicieux séjour agrémenté d'une liste civile d'un million !

Une fois par semaine, Son Altesse prend le train pour Tunis. Sa voiture de gala attelée de six mules l'attend à la gare parmi les fiacres et les omnibus, et le conduit soit au palais du gouvernement (Dar-el-bey) où il confère avec les ministres, soit au Bardo où il rend la justice sommaire que le statut musulman lui attribue sur ses sujets indigènes (sitôt pris, sitôt pendu !)

Dans ces promenades, la voiture du Bey traverse Tunis au galop de ses six mules, escortée d'une vingtaine de cavaliers. En avant, à une centaine de mètres, galope une sorte de héraut qui annonce le passage du souverain. On se range, on regarde et le Bey distribue des saluts bienveillants.

Quel prince fut jamais plus tranquille que celui-là !

Bien que j'aie eu la rare fortune d'être présentée aux princesses, au harem même, je ne crois pas qu'il soit de circonstance de découvrir ici l'intimité de la maison du Bey. Et puis, cela n'a rien à voir avec l'Exposition. Ces dames, qui brodent à la perfection, ont cédé aux instances de Mme Massicault qui a pu grâce à elles, réunir un lot d'articles féminins, de vêtements et d'étoffes, pour lesquels une médaille lui a été décernée. Il n'y a rien à ajouter.

S. A. Ali-Bey a été élevé au pouvoir le 28 octobre 1882. Il a donc aujourd'hui sept ans de règne et soixante-douze ans d'âge. Les résidents de France l'ont toujours trouvé disposé à seconder leur impulsion civilisatrice.

Pour le concours qu'il a prêté à l'Exposition, le Bey a reçu un Grand Prix et une médaille d'or, et son frère, le prince héritier, Taïeb-Bey, une médaille d'argent pour de curieux spécimens de sellerie et de harnachements brodés.

Le Résident-Général.

Le jury a récompensé tout particulièrement et très largement l'exposition collective du gouvernement tunisien.

Deux grands prix et quinze médailles.

Il ne pouvait pas désigner plus éloquemment à la reconnaissance du pays les immenses services rendus à la colonisation par l'administration tunisienne.

Tunisienne ? ne nous y trompons pas ! L'administration est tunisienne, sans doute ; mais les administrateurs sont français. Cela résulte du pacte d'où est sorti le Protectorat, cela résulte des faits.

S. A. le Bey est à la tête du gouvernement.

Le Résident-Général est à la tête de l'administration.

On a vu dès les premières pages de ce livre comment s'était organisé le Protectorat, par quelle suite d'actes diplomatiques et administratifs.

Cette organisation réunissait les pouvoirs entre les mains du ministre de France, secondé par un certain nombre de chefs de service correspondant à des ministres spéciaux.

Nous avons donc en Tunisie des ministères, sous le nom de directions ou directions-générales.

Ce sont : le Secrétariat Général, les Finances, les Travaux public et Forêts, l'Enseignement, les Antiquités et Beaux-Arts et les Postes et Télégraphes.

C'est le personnel de ces ministères qui, sous la haute direction du Résident-Général, travaille depuis sept ans, avec un courage et une perspicacité rares, à l'assimilation française de la Régence, à la conquête pacifique et féconde du sol.

Le rôle de Résident n'est pas d'ailleurs un rôle bien aisé à tenir. Favoriser la colonie française sans froisser les colonies étrangères, dépenser beaucoup en travaux publics et réduire les taxes qui alimentent le budget, se défendre à la fois contre la métropole qui ne contribue plus du tout aux dépenses, contre l'influence italienne qui tente d'attirer à soi une ancienne terre romaine, et contre l'Algérie jalouse, c'est à la vérité danser sur des œufs.

M. Massicault se livre depuis trois ans à ce délicat exercice.

Il faut bien croire que la presse n'est pas une si mauvaise école d'administration. Voilà, j'imagine, un journaliste qui a fait son chemin.

M. Massicault est né dans le département du Cher en 1838. D'abord professeur, il entre dans la presse en 1859, comme rédacteur du *Progrès de Lyon*; en 1862, il passe à la *Gironde*. Le gouvernement le nomme préfet de la Haute-Vienne en octobre 1870. Mais les préfets de la Défense nationale n'étaient pas en odeur de sainteté auprès de l'Assemblée élue en février 1871. Le jeune administrateur est le premier à démissionner et il réintègre en mars la rédaction de la *Gironde* et bientôt le voilà qui fonde des journaux : l'*Indépendant de Bordeaux*, en 1872; la *Charente*, à Angoulême, en 1873; la *Vienne*, à Poitiers. En 1875, je le vois rédacteur en chef de la *Presse*, puis au *Siècle*. Attention ! Si les *Débats* sont l'antichambre de l'Académie, le *Siècle* est le vestibule de l'administration. Notre rédacteur, en effet, est choisi par M. Jules Simon pour remplir les fonctions de directeur de la presse au ministère de l'intérieur (13 décembre 1876). Un an après, suivant enfin sa véritable vocation, il retourne dans la Haute-Vienne, comme préfet. Le journaliste disparaît pour faire place à l'administrateur. Dans l'importante préfecture du Rhône il donnera bientôt les preuves d'une capacité de premier ordre et se désignera pour ainsi dire de lui-même pour le poste de Tunis, que le départ de M. Cambon laissera vacant. Il y apportera des qualités différentes de celles qui font de son prédécesseur un de nos diplomates les plus distingués. Il ira jusqu'au bout de sa tâche et laissera son nom à une œuvre féconde et durable !

La direction des finances.

L'argent est le nerf de la guerre. C'est aussi le nerf de la vie, de la vie des peuples et de celle des particuliers.

Si la terre africaine a excité la convoitise et l'appétit de ses voisins, c'est qu'elle est riche. Question d'argent.

Si les souverains de la Régence ont dû tolérer que les nations européennes intervinssent dans leurs affaires, c'est qu'ils étaient à bout de ressources et d'expédients. Question d'argent.

Si la Tunisie se relève aujourd'hui de sa décadence, c'est que ses finances sont ordonnées selon les saines lois de l'économie politique et domestique. Question d'argent.

La question financière a été la première qui s'imposât à la sollicitude du gouvernement protecteur. On sait comment elle fut résolue, par la conversion de la dette et par la suppression de la Commission internationale.

L'agent principal de cette réforme avait été un inspecteur de l'Administration des finances délégué auprès du Résident, M. Depienne. Tous les services financiers furent dès lors réunis entre les mains de ce fonctionnaire, qui occupe encore aujourd'hui la direction générale.

Le premier budget établi par notre administration fut celui de 1302 (octobre 1884-octobre 1885). Il accusait 23,742,000 piastres de recettes, et 23,663,667 piastres de dépenses.

On était déjà loin du temps où les recettes ne suffisaient pas au payement des intérêts de la Dette ! (environ 10 millions de piastres.)

Grâce à la réorganisation des services financiers, à la suppression des emplois inutiles, à la répression des abus, à la défense énergique des droits de l'État, nous avons mis en six ans les finances tunisiennes dans une situation telle qu'aucun état de l'Europe n'a de finances plus claires et de ressources plus assurées.

Les chiffres l'attestent. Le budget n'a pas cessé de s'élever depuis 1884. En 1303, il est de 31,446,000 piastres. En 1304, il dépasse quarante-trois millions !

Malgré l'exécution de nombreux et indispensables travaux, malgré les sommes consacrées à l'exécution du port, malgré les dotations accordées aux municipalités, malgré le demi-million inscrit annuellement en faveur de l'enseignement, le gouvernement beylical a pu, de 1884 à 1889, se constituer un fonds de réserve de vingt-deux millions, et parer aux années de vaches maigres.

Un gouvernement qui fait des économies, est-ce que jamais cela s'était vu !

*
* *

Les vitrines de la section renferment d'intéressantes statistiques sur les services financiers et les services adjoints, *Douanes* et *Conservation de la propriété foncière*, en particulier.

D'une brochure sur le commerce de la Régence en 1305 je tire
ces renseignements que, l'on peut rapprocher des pages où il a
été parlé de la production.

Les derniers tableaux contrôlés se rapportent à l'an 1305
(1888).

Pendant cet exercice la valeur totale des produits exportés
atteint 19,654,978 francs.

Les exportations se subdivisent comme suit :

        9.555.350 francs pour la France, soit 48.5 o/o
        5.517.500   —   l'Italie   —   28 —
        2.101.600   —   l'Angleterre — 10.6 —

Le reste pour diverses destinations.

Il faut tenir compte des taxes de sortie qui frappent les produits tunisiens et surtout des tarifs douaniers qui leur sont
appliqués à leur entrée en France. Les colons demandent que
ces entraves au commerce de la Régence avec la France soient
fortement relâchées, sinon supprimées. Le Parlement se doit à
lui-même de donner enfin cette légitime satisfaction à une colonie laborieuse et dévouée. Il faut encourager l'exportation des
produits tunisiens en France si l'on veut développer l'importation des produits français en Tunisie. Or, pour l'exercice 1305,
sur un total de 31 millions de francs, les produits français ou
algériens figurent pour 18 millions.

La Tunisie peut donc être comptée comme un sérieux
débouché pour le commerce français, en même temps qu'un
marché des plus favorables pour notre approvisionnement.

Ne serait-il pas temps qu'on agît en conséquence ?

⁂

La réforme foncière, c'est-à-dire l'application à la Régence
du régime australien, est de nature à favoriser le développement
de la grande propriété en donnant aux acquisitions de nos
nationaux des garanties qui leur manquaient.

On sait que le *Real Property Act*, connu sous le nom du gouverneur *Torrens*, qui en fit le premier l'application à l'Australie en 1861, a pour caractère dominant de transformer la propriété foncière en une sorte valeur mobile.

M. Cambon a emprunté cette idée à M. Yves Guyot, l'honorable ministre des travaux publics (un ancien de la presse, lui aussi !).

Dans une communication qu'il fit en 1886 à la Société de Géographie commerciale de Paris, M. Yves Guyot a raconté comment il a eu connaissance par hasard de l'*Act Torrens* dont l'économie fit sur lui une telle impression qu'il résolut de s'en faire en France le propagateur.

— J'ai fait en 1883, ajoutait-il, deux voyages en Afrique. A la fin du dernier, me trouvant en Tunisie, je vis M. Cambon. Comme il m'entretenait de ses préoccupations au sujet de la constitution de la propriété en Tunisie, je lui dis : Mais vous devriez appliquer l'*Act Torrens*. Je lui envoyai des documents et il nomma une commission chargée d'étudier l'application de cette loi.

La loi foncière tunisienne promulguée le 5 juillet 1885 est l'œuvre de cette commission.

C'est un code complet sur la propriété foncière, dans lequel on a fondu d'une manière habile les principales dispositions de l'*Act Torrens* avec certaines dispositions de notre code civil.

Elle est entrée en application au mois de septembre 1886. En présence de ses heureuses innovations, il faut dire avec l'éminent écomiste Paul Leroy-Beaulieu.

« La propriété foncière a trouvé en Tunisie sa formule réelle, beaucoup plus nette, plus précise et plus complète qu'en France même. »

Et M. Leroy-Beaulieu a prêché d'exemple : il est devenu propriétaire en Tunisie. Je n'ai pas besoin de demander s'il a placé ses terres sous le régime de la nouvelle loi!

Elle n'est donc pas obligatoire? Non. C'est là un de ses caractères. D'après une brochure exposée par le service de la Propriété foncière, 87 propriétés seulement ont été immatriculées selon le nouveau régime, il est vrai qu'elles ne représentent pas moins de 46,000 hectares, ce qui est déjà respectable.

Il y a aussi en Tunisie, une catégorie de propriétés *impersonnelles*. Ce sont des biens concédés naguère aux mosquées et inaliénables. On les appelle les *Habbous*.

Les biens habbous entrent pour plus d'un tiers dans la propriété foncière de la Régence.

L'aliénation d'un bien habbous ne peut se faire que par voie d'Enzel. L'enzel est une location perpétuelle, l'enzeliste est donc propriétaire de fait.

L'administration des habbous donnait lieu à de monstrueux abus. Elle a été réformée. En raison du caractère religieux de ces propriétés, on n'en pouvait confier la gestion à des européens. Elle est aux mains des indigènes. Cependant le gouvernement s'en est réservé le contrôle. Le directeur de l'enseignement, par sa connaissance de la langue arabe, était tout désigné pour les fonctions d'inspecteur des habbous.

Travaux publics.

La direction générale des Travaux publics expose sous les portiques du palais et dans la galerie nord qui fait suite au salon beylical.

Le patio du Palais Tunisien.

Si elle avait dû exposer des réductions de l'œuvre totale accomplie depuis sept années, il lui aurait fallu l'Esplanade entière, pas moins !

Cet important service a été le premier installé après la guerre, en 1882, sous la direction d'un jeune ingénieur des mines, M. Grand, auquel a succédé en 1886, M. Michaud, ingénieur en chef des ponts et chaussées.

Les travaux publics se subdivisent ainsi qu'il suit : Ponts et chaussées, bâtiments, les eaux, les services maritimes, les mines, le service topographique et les forêts.

Avant 1882, la Tunisie ne possédait que 150 kilomètres de routes, et quelles routes? des ravins !

Aujourd'hui elle en a 400 kilomètres ; elle en trace chaque jour de nouvelles. Avant peu le réseau sera complet.

A côté du réseau routier, les chemins de fer. La Compagnie Bône-Guelma a déjà établi la communication directe entre l'Algérie et Tunis par la vallée de la Medjerdah. Elle va construire prochainement la ligne de Tunis au Sahel par l'Enfida (Tunis à Sousse) qui pourra être prolongée de Sousse à Sfax.

D'autre part la ligne algérienne de Souk-Ahras à Tébessa doit être incessamment prolongée sur Gabès par Gafsa et se relier à Sousse par Kairouan. Notons encore les tronçons de Tunis à Zaghouan et Kairouan, de Tunis à Bizerte et de Bizerte à Tabarka.

La Compagnie exposait au premier étage de la grande Galerie des machines une belle et grande carte de ses réseaux algérien et tunisien. Les renseignements complémentaires m'ont été fournis fort obligeamment par M. Allain-Launay, secrétaire général de cette société.

.·.

A l'angle sud-ouest du patio la direction des Travaux publics expose, sous une vitrine, un admirable plan-relief des travaux du nouveau port et du chenal qui amènera bientôt au cœur même de Tunis les grands paquebots de la Compagnie transatlantique, obligés de stopper à un kilomètre en mer en face de Carthage.

Le port de Tunis sera un des plus beaux de la côte africaine. Il comprend un avant-port à la Goulette, un chenal à travers le lac boueux qui sépare la Goulette de Tunis, enfin des bassins à Tunis. Il sera livré au commerce en 1894, il était en question depuis 1879.

C'est tout un roman que son histoire.

Lorsque la Compagnie Bône-Guelma conclut avec le gouvernement tunisien en 1877 la convention d'où est sortie la ligne de la Medjerdah, elle adopta Tunis comme point terminus.

Pourquoi pas aller jusqu'à la Goulette? Ce fut un oubli, ce fut une erreur. Une société anglaise sollicita et obtint la concession de la ligne Tunis-Goulette, mais bientôt cette société offrit de rétrocéder ses droits, au plus offrant, ça va sans dire. Deux concurrents se présentèrent, le Bône-Guelma, naturellement, et une société de navigation italienne, la Rubbatino.

C'était en réalité la France et l'Italie qui se disputaient l'accès de Tunis. Les deux gouvernements convinrent entre eux de ne pas appuyer leurs nationaux. Comme si on pouvait loyalement convenir de ces choses là!

Qu'arriva-t-il? quand vinrent les enchères, la Rubbatino l'emporta, soutenue en secret par le cabinet italien. (Cairoli, 1879).

C'était un échec pour la France. M. Roustan voulut avoir sa revanche. « Si l'on pouvait amener la flotte à Tunis même, pensait l'éminent diplomate, la ligne Tunis-Goulette perdrait toute valeur commerciale et stratégique ; ce ne serait plus qu'un tramway de banlieue. Il faut faire un port à Tunis. »

Ainsi décidé, il obtint du bey la concession d'un port en faveur de la Compagnie Bône-Guelma, qui la céda en 1881 à la Société de construction des Batignolles.

Cependant l'accord ne se faisait pas entre le concessionnaire et la nouvelle administration de la Régence. La Société voulait une garantie, le gouvernement s'y refusait et trouvait la concession onéreuse. Comment sortir de là ? MM. Cambon et Grand eurent l'initiative d'une solution radicale qui peut se ramener à trois points : 1° la Société des Batignolles renonce purement et simplement à sa concession ; 2° le gouvernement tunisien entreprend lui-même la création du port ; 3° la Société des Batignolles se charge de l'exécuter... C'est la marche qui a été suivie depuis 1886 (1).

La direction des Travaux publics a en outre tout un plan de réfections des autres ports de la côte, Sousse, Sfax, Nebel, Tabarka, Hammamet et surtout Bizerte, dont l'importance stratégique est énorme (à signaler une belle vue panoramique de cette dernière ville, aquarelle non signée).

La sécurité des côtes a été assurée par la construction de plusieurs phares, dont deux modèles sont exposés sous le portique du patio.

*.

Qu'expose-t-elle encore ? Je n'aurai garde de l'oublier ! c'est son système d'aménagement des eaux.

Tunis a une population de 150,000 habitants. Dans un climat comme le sien, pour une si nombreuse population, la question des eaux est capitale.

Les beys l'avaient compris. Le bey Ahmed, sous le consulat de Roches, avait confié à un architecte français la restauration de l'ancien aqueduc romain qui jadis amenait à Carthage l'eau des sources de la montagne de Zaghouan.

C'est que les romains s'y entendaient, à utiliser le précieux liquide ! Le directeur du service des antiquités, M. René de la Blanchère, expose précisément dans une salle voisine trois planches d'un travail approfondi sur l'aménagement de l'eau dans l'Afrique ancienne.

Frappé de l'impossibilité apparente où serait la Tunisie

___

(1) Le port de Tunis, relief, a figuré deux fois à l'Exposition. La Société des Batignolles l'exposait aussi à la Galerie des Machines.

actuelle, qui souffre tant de la sécheresse, de nourrir la population énorme que les textes des auteurs et les ruines dont le sol est couvert nous y montrent aux temps anciens, l'auteur a cherché si vraiment les conditions climatériques étaient, à l'époque romaine, aussi radicalement autres que l'on pourrait le supposer. Il s'est promptement rendu compte qu'il n'en est rien, et que la différence n'est pas si immense qu'on l'avait cru d'abord. Il y avait plus d'eau en Afrique, mais il n'y en avait pas beaucoup plus. Seulement, aucune portion n'en était livrée à elle-même. Depuis les ravins des montagnes jusqu'aux plaines et à la mer, toute l'eau courante était aménagée, suffisait à arroser le pays, et n'y causait pas les dégâts qu'occasionnent, chaque hiver, les crues suivies d'une sécheresse absolue.

L'Afrique du nord est littéralement couverte d'ouvrages hydrauliques, dont plusieurs avaient déjà été isolément décrits et étudiés. M. de la Blanchère a pris pour type le versant Est du massif du Zaghouan, la plaine de l'Enfida : il expose le système complet d'aménagement de leurs eaux, et reproduit les travaux d'art faits sur l'Oued-Boul et l'Oued-Kastela. Il en tire la conclusion consolante qu'il n'y a point d'empêchement théorique, d'impossibilité résultant de causes naturelles invincibles, au rétablissement de l'état ancien.

Que reste-t-il de ces admirables travaux ! Des ruines dont les photographies nous sont montrées.

Pittoresques ? sans doute. Utilisables ? parfois.

Voici les anciennes citernes qui alimentaient Carthage et que Flaubert a décrites dans *Salammbô* avec une précision d'architecte. La photographie nous les montre conservées, encore debout, mais tout de même en bien mauvais état.

Eh bien ! regardez plus loin la reproduction de ces mêmes citernes. Les voici retapées, remises à neuf, prêtes à servir de nouveau, après un repos de quatorze siècles !

Ce beau travail du service des eaux, que dirige M. Vernaz, méritait d'être signalé.

Je l'appellerai volontiers : *l'art d'accommoder les restes.*

Les Travaux publics ont reçu quatre médailles dont trois en or. J'imagine qu'il y en a une spéciale à cette cuisinière bourgeoise, l'administration des eaux.

Les Antiquités et les Arts.

Mais que parlai-je de ruines ? Il n'y a que ça dans ce pays-ci ! On en écrase à chaque pas. On en trouve dessus et dessous. Le touriste se heurte à chaque instant à un fragment de colonne romaine. Le gardeur de chèvres, son béret sur les yeux, s'assied sur un chapiteau du plus beau corinthien, descellé et mutilé, tandis que ses biques broûtent les raquettes d'un cactus à aiguilles sorti d'entre les gradins de marbre de quelque amphithéâtre. Le fellah ne saurait fouiller le sol du bout de sa charrue sans mettre à jour une légion de médailles carthaginoises ou de petites lampes ayant servi aux chrétiens des premiers siècles.

On s'explique cette abondance de souvenirs. Deux civilisations disparues dorment sous cette terre. Dix siècles de barbarie ont couvert d'une couche épaisse d'alluvions la riche province d'Afrique qu'avait créée les romains. Mais la civilisation romaine, elle-même, s'était substituée en la recouvrant à la civilisation phénicienne portée par Carthage à son plus haut point. Nous avons donc là une superposition de deux couches successives, offrant leurs richesses à nos fouilles.

C'est ainsi que les remarquables travaux exécutés à Carthage ont d'abord fait découvrir les ruines du temple construit par les Romains sur la colline la plus élevée, puis, au-dessous, les ruines de la citadelle punique.

Il était impossible d'abandonner les trésors enfouis sous le sol tunisien à l'avidité des chercheurs de tout ordre et de toutes nationalité. L'archéologie et sa sœur l'épigraphie tirent aujourd'hui parti des moindres découvertes et, comme la géologie, peuvent reconstituer une époque sur les seuls indices d'une médaille ou d'une inscription.

Ces considérations inspirèrent l'idée de créer un service spécial des Antiquités et des Arts, dont l'objet est de concentrer l'action de tous les missionnaires scientifiques que la Tunisie tente ou a tentés, de coordonner le résultat de leurs recherches pour en tirer des conclusions pratiques.

En quoi pratiques? Nous venons de le voir à propos des eaux. Le service des antiquités nous apprend de quelle manière les romains avaient tiré parti des eaux naturelles pour fertiliser un pays qui était de lui-même aussi sec dans ce temps-là qu'il l'est aujourd'hui.

Montrer ce qui a été fait, c'est indiquer ce qu'il y a à faire ; rien de plus pratique.

Faire revivre l'ancien grenier de Rome, c'est à la fois nous montrer le but à atteindre et nous enseigner les moyens d'y parvenir.

L'exposition des Antiquités et des Arts a été organisée par M. René de la Blanchère, directeur du service. Elle occupe une grande salle située à l'aile droite de la façade postérieure et qui prend jour par une loggia kairouannaise sur les jardins; elle s'ouvre sur le vestibule situé au-dessous de la coupole même de Kairouan, que décorent les belles aquarelles de MM. Lallemand, Roullet, Simond et Cox, consacrées aux aspects actuels de la Régence.

Que signalerai-je à votre attention ? Est-ce cette carte de la Tunisie ancienne et moderne au 200,000^e ? ou ces mosaïques romaines ? ou ces carreaux de terre cuite de l'époque chrétienne ?

Voici le *Triomphe de Neptune*, une admirable mosaïque qui n'a pas moins de 150 mètres carrés ? mais on ne nous en fait voir qu'une copie ! Voici un tombeau punique trouvé à Carthage : le squelette, les poteries, les plats, la lampe, tout y est.

Voici un modèle en relief du temple de Thugga, édifié à l'époque de Marc-Aurèle, qui est peut-être le plus beau monument de l'architecture romaine en Afrique. Ce modèle a été exécuté sous la direction de M. H. Saladin, coupable d'ailleurs d'autres reproductions du même genre.

Pour centraliser ses découvertes, le service des Beaux-Arts a créé en 1888 le musée Alaoui, au Bardo. Ce musée est représenté à l'exposition par une vitrine garnie d'objets provenant de Carthage· et d'époque carthaginoise. Des spécimens de poterie, des lampes païennes et chrétiennes, des statuettes et des médailles, etc.

D'autres exposants figurent dans cette salle. En premier lieu le R. P. Delattre, conservateur du musée de Carthage fondé par le cardinal.

Le père Delattre est un missionnaire d'Afrique, un père blanc, comme on dit là-bas.

Le cardinal avait à l'origine habillé ses moines de la toge de laine blanche et les avait coiffés de la chéchia. Cela avait du cachet, ce n'était point banal. Il leur a rendu le chapeau : ils sont tout drôles.

Quant au père Delattre, c'est un petit homme à longue barbe rousse, râblé, remuant, l'air bon enfant. Au fond très fort comme arabisant et épigraphiste. Ses recherches depuis dix ans ont été infinies ; son musée a pu servir de modèle au musée Alaoui, à qui ses collections iront vraisemblablement un jour, selon le vœu de Son Éminence. Le père Delattre a envoyé quelques spécimens seulement à l'Exposition.

M. Julien Poinssot, M. Clément Marchand, M. Aubert, ingénieur de la Compagnie Bône-Guelma et Mlle Solange Massicault, ont concouru par leurs envois à la richesse de cette exposition rétrospective d'un si haut intérêt.

Le ministère de l'Instruction publique et des Beaux-Arts s'y est lui-même intéressé. Il a chargé M. René Cagnat, professeur au Collège de France, et M. Salomon Reinach, attaché au

Musée de Saint-Germain, d'y installer le résultat des missions envoyées dans la Régence à diverses reprises. C'est ainsi que nous trouvons deux panneaux tout entiers garnis des cartes et photographies relatives aux missions de MM. Cagnat, Saladin, Babelon, Reinach, Letaille, Rouvre, Poinssot, Hamy, Delacroix, Boulanger, etc.

Deux vitrines renferment en outre les nombreuses publications auxquelles a donné lieu l'histoire et la description de la Tunisie ancienne et moderne, et dont quelques-unes comme le *Voyage en Tunisie*, de Victor Guérin, et la *Géographie comparée de l'ancienne province d'Afrique*, de Charles Tissot, sont de vrais monuments de science, de philosophie et de littérature.

Citer tous les autres, ce serait entreprendre un catalogue de librairie dont la place n'est pas ici.

En résumé, l'exposition des antiquités et des arts représente d'une manière complète l'activité française en Tunisie, dans le domaine de l'archéologie, de la science et des beaux-arts.

Aucune médaille spéciale n'a été attribuée à ce service. Nous espérons que les louables efforts de M. René de la Blanchère trouveront ailleurs leur récompense.

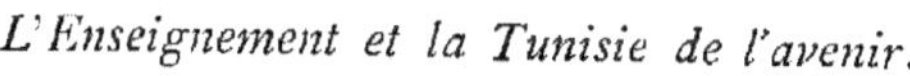

L'Enseignement et la Tunisie de l'avenir.

Quittons, non sans regret, les salles du service des antiquités ; nous allons revenir sous la coupole de la mosquée de Kairouan et repasser devant les aquarelles de MM. Lallemand, Roullet, Cox et Simond. Elles sont décidément parfaites, ces aquarelles, j'y retrouve bien la Tunisie telle que je l'ai connue, je la vois, je la sens, je la touche !

Je me fais donc violence et, poursuivant mon chemin, laissant à gauche le jardin, à droite le patio, j'aborde la salle de l'Enseignement public.

Vous dites : L'Enseignement public en Tunisie, qu'est-ce que ça peut bien être ?

Ne faites pas tant les dédaigneux. C'est quelque chose de très important.

Je me rappelle mon étonnement, un jour, devant la petite école arabe qui se tenait dans une maison basse sur le chemin du palais Khéreddine. Une masure étroite, en tout semblable aux rez-de-chaussée où les marchands juifs tiennent boutique ; une grande baie ouverte sur la rue servant à la fois de porte et de fenêtre, et, sur le sol de terre battue (peut-être y avait-il une natte d'halfa ?), une trentaine de marmots, assis sur les talons, la chéchia coiffant jusqu'aux yeux et aux oreilles leurs larges petites faces rieuses. Debout au milieu de la bande, le vieux magister récitait un verset du Coran que tous ils répétaient en chœur de leurs voix aiguës, et le plus sérieusement du monde.

C'était ça, l'Enseignement public, autrefois.

Mais j'eus une autre surprise, un peu plus tard en montant à la Casbah.

Dans les bâtiments relevés d'une ancienne caserne jadis abandonnée, des salles apparaissent munies d'un matériel scolaire tout moderne. Dans les cours, sous les portiques, autour d'un gymnase, des jeunes gens de tout âge, qu'à leur chéchia autant qu'à leur accent on reconnaît pour des tunisiens, entourent leurs professeurs, des français arabisant.

C'est là que l'on trouve M. Machuel, directeur de l'Enseignement en Tunisie, un lettré arabe, fort estimé par les Musulmans eux-mêmes, qui met son patriotisme de Français à conquérir l'esprit de cette population par l'instruction et le respect des croyances.

M. Machuel a su créer dans la Régence un grand nombre d'écoles arabes-françaises ; et il met dans cette œuvre pacifique et considérable un dévouement et un zèle sans bornes.

Le premier établissement scolaire français de Tunis fut fondé en 1845 par l'abbé Bourgade.

En 1855, Mgr Sutter, vicaire apostolique de la Tunisie, fit venir à Tunis des Frères de la doctrine chrétienne qui ouvrirent une école. Cette concurrence tua l'établissement de l'abbé Bourgade qui occupait dans le quartier Sidi-Morgiani la maison qui appartient aujourd'hui à M. Siganaki.

En 1880, le cardinal Lavigerie bâtit un collège à côté de la chapelle de Saint-Louis de Carthage, et, après l'occupation, il transféra ce collège à Tunis même (1883). Par le collège Saint-Charles et par les nombreuses écoles congréganistes, le cardinal était un peu le maître de l'enseignement dans la Régence. La création d'une direction laïque de l'enseignement ne tarda pas à modifier cette situation.

Le Gouvernement tunisien s'applique aujourd'hui au développement du lycée Sadiki, constitué par la fusion du collège Saint-Charles et du collège Sadiki.

Un mot au sujet de cette fusion.

Le Cardinal et le Résident général sont tombés d'accord pour la vente du collège Saint-Charles et des terrains qui l'entourent au Gouvernement tunisien, qui en fait un lycée pareil aux lycées de France.

La transaction a été à ce point conclue au gré de tous, que Son Eminence crut devoir louer les procédés du Résident général dans une lettre pastorale par laquelle il portait l'événement à la connaissance de son clergé.

Puis, le collège Sadiki a été ajouté au collège Saint-Charles en donnant son nom à l'établissement d'instruction secondaire définitif.

Le lycée Sadiki aura à respecter des confessions bien différentes. Les élèves catholiques, protestants, musulmans, grecs et israélites pourront y suivre le culte de leurs pères ; et surtout, apprendre à s'aimer et à se respecter les uns les autres.

Le lycée Sadiki sera ainsi un instrument de concorde et de civilisation par excellence.

Cette solution complète l'œuvre du gouvernement, en même temps qu'elle satisfait le vénérable prélat dont les charges hélas, passent souvent les forces, sinon le courage.

L'école fondée en 1878 par l'Alliance universelle israélite en faveur de ses coreligionnaires pauvres, si nombreux et si intéressants, a été dans la personne de M. Cazès, son directeur, chevalier de la Légion d'honneur depuis le 1er janvier dernier, un élément efficace et sincère de la propagande française.

M. D. Cazès est, depuis une dizaine d'années, à la tête des écoles israélites de la Tunisie. Il y représente l'Alliance israélite universelle. En dix ans, l'infatigable apôtre a multiplié les écoles et, par son action directe sur les jeunes générations, il a métamorphosé cette colonie juive qui, par le nombre et par la qualité tient une place si considérable dans la Régence.

Sous le despotisme musulman, les Juifs y formaient un peuple à part, isolé, parqué dans son ghetto, croupissant dans sa misère et dans son ignorance, un peuple de parias! Sans doute, le protectorat français devait faire cesser un état de choses si contraire à la justice et à l'humanité; mais l'œuvre d'affranchissement ne pouvait être accomplie que par les israélites eux-mêmes. C'est alors qu'intervinrent l'Alliance et son délégué.

Les résultats ont été ce que l'on pouvait attendre de l'un et de l'autre. La colonie israélite de Tunis a appris à parler le français dans les écoles de l'Alliance, à l'exclusion de l'italien qui dominait avant elle. L'enseignement tout entier est français; aussi doit-on reconnaître dans la jeune génération une tournure d'esprit et des sympathies foncièrement françaises. Quelques-uns d'entre eux ont abandonné les vieux usages, et jusqu'aux costumes traditionnels qui ont donné à cette population une originalité légendaire.

Il est permis de le regretter au nom du pittoresque et de la couleur locale; et peut-être arrivera-t-il un jour où la société juive à Tunis ne se distinguera plus de la société européenne. On y cherchera vainement les vestiges de cette « Vie juive » que j'ai essayé de peindre dans une autre publication. (Supplément du *Figaro*.)

M. Machuel a envoyé à l'Exposition des spécimens du travail de ses écoles, et d'importantes statistiques. Ces dernières années surtout sont intéressantes. Jugez-en.

Combien pensez-vous qu'il y ait en Tunisie d'établissements scolaires publics? Réponse 60. Combien d'établissements privés? 7. En tout 67. Combien d'élèves inscrits? près de dix mille.

On sait que la population de la Tunisie est faite d'éléments très variés. Les tribus nomades du sud sont de race arabe, les paysans ou fellahs de race berbère ; la bourgeoisie et la petite industrie des villes sont représentées par des Sarrasins ou Maures d'Espagne et le commerce par des fils d'Israël, soit des Mozabites ou Phéniciens issus des anciens maîtres, soit des juifs autrefois proscrits du Portugal, soit enfin des israélites plus récemment importés de Livourne.

L'aristocratie locale est en partie arabe, en partie turque.

A ces indigènes il convient d'ajouter les trois colonies européennes qui font nombre, les Français, les Anglo-Maltais, les Italiens, et les *divers* tels que Hellènes, Allemands, Belges, etc.

On peut se rendre un compte assez approché de l'importance de chacun de ces éléments en étudiant les tableaux de la population scolaire.

Si la colonie française fournit aux écoles 1064 élèves, la colonie maltaise en donne 1178 et la colonie italienne 1496. La même proportion numérique s'applique aux grands et aux petits. Ne nous étonnons donc pas du contingent que les israélites nous apportent et qui égale presque à lui seul le montant des trois colonies ci-dessus dénombrées : plus de 3000 juifs fréquentent les écoles publiques ou privées.

*
* *

Je n'ai pas encore parlé des indigènes musulmans. En effet près de 1800 arabes sont inscrits sur les registres de l'Enseignement public.

Ces 1800 élèves représentent la population scolaire indigène apprenant le français. En dehors d'eux, les musulmans ont leurs écoles dites coraniques ou *kouttab*, car l'enseignement est chez les musulmans exclusivement religieux et c'est le grand pontife, le sheik-ul-islam, qui est le grand maître de l'Université.

Il n'y a pas moins de 971 écoles coraniques dans la Régence, comprenant 17,361 élèves. Des cours supérieurs sont faits dans les grandes mosquées de Tunis, Méhedia, Kairouan, Sfax, etc. Ils se terminent par des examens et donnent lieu à l'attribution de diplômes très appréciés.

Tout en respectant scrupuleusement cette organisation le directeur de l'Enseignement s'est préoccupé des moyens d'intéresser les indigènes à la diffusion de la langue française, qui est, on le comprend, un agent énergique et sûr d'assimilation.

Déjà le Cardinal avait réussi à attirer au collège Saint-Charles un certain nombre de jeunes musulmans qui en sont sortis tout à fait instruits et francisés, sans que leur foi religieuse ait été blessée, ni même circonvenue.

Guidé par cet exemple, M. Machuel tourna les yeux vers le collège Sadiki. C'était là un établissement tout à fait tunisien, il avait été institué en 1876 par le bey Sadock, et le ministre en faveur, Khéreddine, lui avait attribué comme dotation la majeure partie des biens confisqués à son prédécesseur Mustapha Khasnadar.

L'administration du collège Sadiki ayant périclité, ce fut pour le gouvernement une occasion d'y intervenir. Le personnel et les programmes furent modifiés, de telle sorte qu'aujourd'hui les 150 élèves qui le fréquentent, tous indigènes, y sont instruits d'après un programme européen en tête duquel on a inscrit la langue française, la géographie et l'histoire de la France. Les enfants de la famille beylicale suivent les classes de cet établissement devenu lycée Sadiki.

Le succès de cette évolution indiquait la marche à suivre. Des annexes ou succursales du lycée Sadiki ont été créées à

Tunis, Kairouan et Sfax, d'autres seront établies successivement dans les centres principaux.

Vous ne pensez pas que pour la propagation de cet enseignement mi-arabe, mi-français, un personnel spécial était nécessaire, dont le recrutement présentait quelque difficulté? M. Machuel devait prévoir ces exigences. C'est pourquoi il a proposé et réalisé la création du collège Alaoui (1882).

L'Alaoui se subdivise en deux écoles : la normale et l'annexe. L'école normale est et sera de plus en plus la pépinière des instituteurs de la Régence. Les élèves de l'école normale sont français. La préparation qu'ils reçoivent les met à même d'enseigner à leur tour dans les écoles mixtes, c'est-à-dire fréquentées par des français et des indigènes ensemble.

L'école annexe du collège Alaoui est le modèle de ces écoles mixtes et les élèves-maîtres s'y exercent à la pratique de l'enseignement franco-arabe.

Le résultat obtenu par ces diverses fondations est sensible; il est éloquent.

En 1883, il y avait en Tunisie 150 jeunes indigènes étudiant la langue française.

En 1889 il y en a 1,765. En six ans, douze fois plus.

Est-ce à dire que, passé un nouveau laps de six ans, il y en aura encore douze fois plus qu'aujourd'hui? ce serait donc toute la population scolaire indigène qui serait initiée en 1895 à notre langue, à notre esprit?

Nous n'en espérons pas tant, non, mais nous y viendrons certainement, avec l'aide du temps. L'on peut prévoir le jour où le français sera usité communément du nord au sud de la Régence. Seuls les savants, dans le fond des mosquées, emploieront encore l'arabe ; et si quelque paysan venu du Sahel pour vendre ses œufs à Tunis, laisse échapper de vieilles locutions comme : « *Emchi Barra ; Hija! ouni! Quadèche douzena? Arba francs* », on dira de lui :

— Le pauvre homme! il parle patois!

Entrée de la Medersa et du Pavillon de l'école.

CONCLUSION.

Nous voici donc au terme de notre *Voyage circulaire en Tunisie en quarante minutes.*

Nous connaissons maintenant l'Exposition tunisienne sous tous ses angles, en long et en large, en surface et en profondeur.

Nous sommes séduits parce que nous avons vu au point d'être prêts à nous embaucher dès demain comme colons de bonne volonté.

Tout cela, parce que nous avons su nous orienter dans la section tunisienne de l'Exposition, voir ce qu'on nous a montré, deviner ou découvrir le reste.

Oserai-je terminer ces pages d'éloges par un regret restrictif ?

Je l'ose.

Il me semble (oh ! je ne force personne à penser comme moi), qu'au seuil de cette section, au fronton de ce palais qui résument avec tant d'éclat la colonisation tunisienne, qui ont été comme une réduction vivante et imagée de cette rayonnante terre non pas conquise mais acquise à la civilisation par la sagesse et le travail de nos compatriotes, il eût été juste de graver le nom de l'homme d'État si souvent méconnu dont cette acquisition fut l'œuvre.

« — La France n'a fait que poursuivre en Tunisie des desseins conformes à sa tradition nationale », a dit l'ancien président du Conseil.

Je voudrais pouvoir dire à mon tour :

— Monsieur Jules Ferry, la France vous remercie.

Eh ! bien oui ! et si ce n'est l'avis de quelques-uns de nos compatriotes d'aujourd'hui, ce sera sûrement celui de la France de demain, plus clairvoyante : ce sera celui de la Postérité, ce sera celui de l'Histoire.

Pauline SAVARI.

MINISTÈRE DU COMMERCE, DE L'INDUSTRIE
ET DES COLONIES

EXPOSITION UNIVERSELLE DE 1889

SECTION TUNISIENNE

LISTE

DES

RÉCOMPENSES DISTRIBUÉES AUX EXPOSANTS

le 29 Septembre 1889.

GRANDS PRIX

Direction de l'Enseignement public de la Régence de Tunis. (Gr. II, cl. 6.)
Comité de l'Exposition Tunisienne. (Gr. III, cl. 18.)
Exposition Collective du Gouvernement Tunisien. (Gr. IV, cl. 34.)
S. A. le Bey de Tunis. (Gr. V, cl. 43, diplôme.)
Société générale des Huileries du Sahel Tunisien. (Gr. VII, cl. 69.)
Cardinal Lavigerie. (Gr. VII, cl. 73, sect. 1ʳᵉ.)
Exposition Collective du Gouvernement Tunisien. (Gr. VIII, cl. 74.)

MÉDAILLES D'OR

Direction générale des Travaux publics de la Régence de Tunis. (Gr. I, cl. 4.)
Alliances Israëlites à Tunis. (Ecoles de garçons et de filles). (Gr. II, cl. 6.)
Collège Alaouï. École Normale franco-arabe. (Gr. II, cl. 6.)
Collège Sadiki. (Gr. II, cl. 6.)
École secondaire, et École laïque publique de filles de la rue du Maroc.
  (Gr. II, cl. 6.)
M. Machuel. (Gr. II, cl. 6.)
Direction de l'Enseignement public de la Régence de Tunis. (Gr. II, cl. 7.)
Le P. Delattre. (Gr. II, cl. 8.)
Direction Générale des Travaux publics de la Régence de Tunis. (Gr. II,
  classe 16.)
Exposition Collective du Gouvernement Tunisien. (Gr. III, cl. 17.)
S. A. le Bey de Tunis. (Gr. III, cl. 17.)
Exposition Collective du Gouvernement Tunisien. (Gr. IV, cl. 32.)
Exposition Collective du Gouvernement Tunisien. (Gr. IV, cl. 36.)
Direction des Forêts de la Régence de Tunis. (Gr. V, cl. 42.)
Exposition Collective du Gouvernement Tunisien. (Gr. V, cl. 44.)
Exposition Collective du Gouvernement Tunisien. (Gr. VI, cl. 60.)
Direction Générale des Travaux publics de la Régence de Tunis. (Gr. VI,
  classe 63.)
Municipalité de la Ville de Tunis. (Gr. VI, cl. 63.)
Amédée Gandolphe. (Gr. VII, cl. 69.)
Girou. (Gr. VII, cl. 72, sect. 3.)

Crété et Cie. (Gr. VII, cl. 73, sect. 1re.)
A. Feret. (Gr. VII, cl. 73, sect. 1re.)
Géry et Lemaire. (Gr. VII, cl. 73, sect. 1re.)
Reclus et Guignard. (Gr. VII, cl. 73, sect. 1re.)
Société civile de Schuiggi. (Gr. VII, cl. 73, sect. 1re.)
Terras. (Gr. VII, cl. 73, sect. 1re.)
Crété et Cie. (Gr. VII, cl. 73, sect. 2.)
Girou. (Gr. VII, cl. 73, sect. 2.)
Grande Distillerie franco-suisse. (Gr. VII, cl. 73, sect. 2.)

MÉDAILLES D'ARGENT

Cours d'adulte à Tunis. (Gr. II, cl. 6.)
École annexe du Collège Sadiki, à Kairouan. (Gr. II, cl. 6.)
École congréganiste publique de filles à Sousse. (Gr. II, cl. 6.)
Écoles congréganistes de filles de la rue Bab-Carthagène et de la rue Sidi
     Sabet, à Tunis.
Écoles congréganistes de garçons, rue de la Casba, rue de l'Église et rue
     Bab-el-Djérid à Tunis. (Gr. II, cl. 6.)
École laïque de garçons dirigée par M. Ernest Lods, à Sousse. (Groupe II,
     classe 6.)
École Maternelle de la rue du Maroc, à Tunis. (Gr. II, cl. 6.)
École primaire publique franco-arabe de garçons, dirigée par M. Montassia,
     et École de filles à Mehdia. (Gr. II, cl. 6.)
École primaire laïque de garçons et École primaire congréganiste de filles,
     tenus par les sœurs de Saint-Joseph, à Bizerte. (Gr. II, cl. 6.)
École publique laïque de filles, et École publique congréganiste de garçons
     à Sfax. (Gr. II, cl. 6.)
Mocktar, professeur au Collège Sadiki. (Gr. II, cl. 6.)
Jouffroy d'Albans (comte). (Gr. II, cl. 8.)
Rollond de Kersang. (Gr. II, cl. 8.)
Moktar Douïeb. (Gr. II, cl. 11.)
Garrigues. (Gr. II, cl. 12.)
Piat. (Gr. II, cl. 15.)
François Abit. (Gr. III, cl. 17.)
Ahmed ben Abderrhamann. (Gr. III, cl. 17.)
Mohammed Cherreïet (Gr. III, cl. 17.)
Slouma Eszmirli. (Gr. III, cl. 17.)
Ali-el-Sekka. (Gr. III, cl. 18.)
Mohamed Tourgemann. (Gr. III, cl. 18.)
Société des marbres de Schemtou. (Gr. III, cl. 18.)
Exposition Collective du Gouvernement Tunisien. (Gr. III, cl. 20.)
Barbouchi frères. (Gr. III, cl. 21.)
Exposition Collective du Gouvernement Tunisien. (Gr. III, cl. 21.)

Exposition Collective du Gouvernement Tunisien. (Gr. III, cl. 25.)
Mustapha-ben-Mansoura. (Gr. III, cl. 28.)
François Abit. (Gr. III, cl. 29.)
Mohamed-ben-Zacour. (Gr. IV, cl. 32.)
Mohamed-ben-Zacour. (Gr. IV, cl. 33.)
Ahmed-bou-Didah. (Gr. IV, cl. 34.)
Bechir-ben-Abdallah. (Gr. IV, cl. 36.)
Mme Massicault. (Gr. IV, cl. 36.)
Exposition Collective du Gouvernement Tunisien. (Gr. IV, cl. 38.)
Aubert. (Gr. V, cl. 41).
Société des marbres de Schemtou. (Gr. V, cl. 41.)
Direction générale des Travaux publics de la Régence de Tunis (Gr. V, classe 43.)
Société franco-africaine. (Gr. V, cl. 44.)
Société du Sahel Tunisien. (Gr. V, cl. 44.)
Général Azzous. (Gr. VI, cl. 60.)
Ahmed-bou-Didah. (Gr. VI, cl. 60.)
Maurice Lambert. (Gr. VI, cl. 60.)
S. A. Taïeb Bey. (Gr. VI, cl. 60.)
Boulakia. (Gr. VII, cl. 67.)
Exposition Collective du Gouvernement Tunisien. (Gr. VII, cl. 67.)
Société Franco-Africaine. (Gr. VII, cl. 67.)
Exposition Collective du Gouvernement Tunisien. (Gr. VII, cl. 68.)
Exposition Collective du Gouvernement Tunisien. (Gr. VII, cl. 69.)
Société Franco-Africaine. (Gr. VII, cl. 69.)
Iusef Habib. (Gr. VII, cl. 69.)
Medina et Haya. (Gr. VII, cl. 69.)
Bonnenfant. (Gr. VII, cl. 72, sect. 3.)
Compagnie Bône-Guelma. (Gr. VII, cl. 73, sect. 1re.)
Bontoux-Brolemann et Cie. (Gr. VII, cl. 73, sect. 1re).
De Carmières. (Gr. VII, cl. 73, sect. 1re.)
Société Franco-Américaine. (Gr. VII, cl. 73, sect. 1re.)
Dumont. (Gr. VII, cl. 73, sect. 1re.)
Duvau. (Gr. VII, cl. 73, sect. 1re.)
D'Espaigne. (Gr. VII, cl. 73, sect. 1re.)
De l'Espinasse. (Gr. VII, cl. 73, sect. 1re.)
Mille Laurens et Cie. (Gr. VII, cl. 73, sect. 1re.)
Th. Pilter et fils. (Gr. VII, cl. 73, sect. 1re.)
Sidi Tabet. (Gr. VII, cl. 73, sect. 1re.)
Zaracosta. (Gr. VII, cl. 73, sect. 2e.)
Th. Pilter et fils. (Gr. VIII, cl. 73 bis.)
Compagnie Bône-Guelma. (Gr. VIII, cl. 74.)
Société Franco-Africaine. (Gr. VIII, cl. 74.)
Th. Pilter et fils. (Gr. VIII, cl. 74.)
Direction des Forêts de la Régence de Tunis. (Gr. IX, cl. 82.)

MÉDAILLES DE BRONZE

École congréganiste de filles de Sfax. (Gr. II, cl. 6.)

Écoles congréganistes mixtes de la Goulette. (Gr. II, cl. 6.)

Écoles congréganistes mixtes de la Marsa. (Gr. II, cl. 6.)

École française laïque mixte de Kairouan. (Gr. II, cl. 6.)

École laïque de garçons de Djerba. (Gr. II, cl. 6.)

École laïque de garçons de Nabeul. (Gr. II, cl. 6.)

Écoles laïques de garçons et Écoles congréganistes de filles de Monastir.
    (Gr. II, cl. 6.)

École primaire laïque mixte de Schuiggi. (Gr. II, cl. 6.)

École primaire laïque mixte d'Enfidaville. (Gr. II, cl. 6.)

Écoles publiques laïques de Béja. (Gr. II, cl. 6.)

École laïque de garçons à Hammamet, École mixte à Souk-el-Arba et
    Écoles publiques laïques au Kef. (Gr. II, cl. 6.)

Frère Auctor de la Croix, à la Goulette. (Gr. II, cl. 6.)

Mohamed Torgemann. (Gr. II, cl. 11.)

Exposition Collective du Gouvernement Tunisien. (Gr. II, cl. 12.)

Paris-Tunis. (Gr. II, cl. 12.)

Bussutil et de Matteis. (Gr. II, cl. 13.)

Ali-el-Abassi. (Gr. III, cl. 17.)

Ali Gourdah. (Gr. III, cl. 17.)

Mohamed el Lebanne. (Gr. III, cl. 17.)

Mustapha-ben-Mansour. (Gr. III, cl. 17.)

Salah Lebanne. (Gr. III, cl. 17.)

Hadj Mohamed el Sekka. (Gr. III, cl. 18.)

Maatoug. (Gr. III, cl. 18.)

Mustapha el Siekka. (Gr. III, cl. 18.)

Mustapha Torgemann. (Gr. III, cl. 18.)

Barouch. (Gr. III, cl. 21.)

Exposition Collective du Gouvernement Tunisien. (Gr. III, cl. 24.)

Abderrhamann el Fenaïri. (Gr. III, cl. 25.)

Haïm et Touïl. (Gr. III, cl. 25.)

Abderrahamann et Fenaïri. (Gr. III, cl. 27.)

Haïm et Touïl. (Gr. III, cl. 27.)

Maarek. (Gr. III, cl. 27.)

Th. Pilter et fils. (Gr. III, cl. 28.)

Guez. (Gr. III, cl. 29.)

Maarek. (Gr. III, cl. 29.)

Exposition Collective du Gouvernement Tunisien. (Gr. IV, cl. 30.).

Achem Zarrouck. (Gr. IV, cl. 32.)

Barbouchi frères. (Gr. IV, cl. 32.)

Sadok Tannar. (Gr. IV, cl. 32.)

Barbouchi frères. (Gr. IV, cl. 33.)

Sadok Tannar. (Gr. IV, cl. 33.)

Achem Zarrouck. (Gr. IV, cl. 33.)
Achem Zarrouck. (Gr. IV, cl. 34.)
Aouïda Bismut. (Gr. IV, cl. 34.).
Moïse Bonan et Cie. (Gr. IV, cl. 34.)
Esther Cohen. (Gr. IV, cl. 34.)
Iusef S. M. Hayat. (Gr. IV, cl. 34.)
Barouch. (Gr. IV, cl. 36.)
Mille et Laurens. (Gr. V, cl. 41.)
Marius Blanc. (Gr. V, cl. 43.)
École arabe-française de Bizerte. (Gr. V, cl. 44.)
David Semo. (Gr. V, cl. 47.)
Lechat. (Gr. VI, cl. 50.)
Exposition Collective du Gouvernement Tunisien. (Gr VI, cl. 54.)
Société Franco-Africaine. (Gr. VI, cl. 54.)
Mohamed ben Amor. (Gr. VI, cl. 54.)
Bayada. (Gr. VI, cl. 60.)
P. Potin. (Gr. VI, cl. 63.)
Société des Tramways de Tunis. (Gr. VI, cl. 63.)
Ferrando. (Gr. VI. cl. 67.)
Boulakia. (Gr. VII, cl. 69.)
Sacuto. (Gr. VII, cl. 69.)
P. Puissant. (Gr. VII, cl. 70-71.)
Lallacgis. (Gr. VII, cl. 72, sect. 3.)
Licari. (Gr. VII, cl. 72, sect. 3.)
Sotiropoulo. (Gr. VII, cl. 72, sect. 3.)
Viguier. (Gr. VII, cl. 72, sect. III.)
Zaracosta (Gr. VII, cl. 72, sect. 3.)
Lunel. (Gr. VII, cl. 73, sect. 1re.)
Marsot. (Gr. VII, cl. 73, sect. 1ro.)
Du Martray. (Gr. VII, cl. 73, sect. 1re.)
De Parade. (Gr. VII, cl. 73, sect. 1re)
Siméon Allal. (Gr. VII, cl. 73, sect. 1re.)
Sotirpoulo. (Gr. VII, cl. 73, sect. 2.)

MENTIONS HONORABLES

Sliman en Negro. (Gr. I, cl. 4.)
Beau. (Gr. II, cl. 11.)
Rosati. (Gr. II, cl. 12.)
Ali et Dehenne. (Gr. III, cl. 17.)
Chedli ben Ali. (Gr. III, cl. 17.)
Chedli ben Hamis. (Gr. III, cl. 17.)
Hadj Hismaïn. (Gr. III, cl. 17.).

Hadj Ali el Senoussi. (Gr. III, cl. 17.)
Hadj Ali el Souissi. (Gr. III, cl. 17.)
Achen Zarrouk. (Gr. III, cl. 17.)
Salah el Hammas. (Gr. III, cl. 17.)
Taïeb et Mestaouï. (Gr. III, cl. 17,)
Siaoun Haggiag. (Gr. III, cl. 20.)
Mohamed-ben-Zaccour. (Gr. III, cl. 21.)
Nina Souchen. (Gr. III, cl. 21.)
Aamid el Hendoulsi. (Gr. III, cl. 22.)
Achem Zarrouk. (Gr. III, cl. 24.)
Saïdou Kattan. (Gr. III, cl. 24.)
Taïeb et Mestaouï. (Gr. III, cl. 24.)
Sitrouk et Cie. (Gr. III, cl. 28.)
Mustapha ben Mansour. (Gr. III, cl. 29.)
Iusef S. M. Hayat. (Gr. III, cl. 29.)
Pringault. (Gr. III, cl. 29.)
Iusef Gerbi. (Gr. IV, cl. 30.)
Iusef S. M. Hayat. (Gr. IV, cl. 30.)
Mohamed Chemmah. (Gr. IV, cl. 32.)
Chadli ben Salah Hoggia. (Gr. IV, cl. 33.)
Mohamed Chemmah. (Gr. IV, cl. 33.)
Abraham Haïat et Haïm Mettoudi. (Gr. IV, cl. 34.)
Bechir-ben-Abdallah. (Gr. IV, cl. 34.)
Nataf Lalou. (Gr. IV, cl. 37.)
Barbouchi frères. (Gr. IV, cl. 38.)
Mohamed-ben-Abib. (Gr. IV, cl. 39.)
Faure de Kamget et Tout. (Gr. V, cl. 41.)
Compagnie Bône-Guelma. (Gr. V, cl. 42.)
Comité de l'Exposition Tunisienne. (Gr. V, cl. 43.)
Amédée Gandolphe. (Gr. V, cl. 44.)
Amédée Gandolphe. (Gr. VI, cl. 50.).
Courtois. (Gr. VII, cl. 72, sect. 2.)
Duveau. (Gr. VII, cl. 72, sect. 3.)
Selon. (Gr. VII, cl. 72, sect. 3.)
Blanc. (Gr. VII, cl. 73, sect. 1re.)
Bonnenfant. (Gr. VII. cl. 73, sect. 2.)
Société Franco-Africaine. (Gr. VII, cl. 73, sect. 2.)
Duveau. (Gr. VII, cl. 73, sect. 2.)
Gérodias. (Gr. VII, cl. 73, sect. 2.)
Licari. (Gr. VII, cl. 73, sect. 2.)
Selon. (Gr. VII, cl. 73, sect. 2.)
Spiro Lallachis. (Gr. VII, cl. 73, sect. 2.)
Viguier. (Gr. VII, cl. 73, sect. 2.)

Paris.- Imp. Ch. Maréchal & J. Montorier, 16, cour des Petites-Écuries.

TUNIS & SES ENVIRONS

Par Ch. LALLEMAND

Édité par la Maison QUANTIN, 7, rue Saint-Benoit, Paris

Prix : **35** fr. Broché. — **45** fr. Relié.

2me Édition (la **1**re Édition de 3,000 Exemplaires est épuisée)

ADRESSER LA DEMANDE D'ENVOI A L'AUTEUR :

M. Charles LALLEMAND, 52, rue du Four–Saint–Germain

AVEC UN MANDAT DE POSTE

Réduction de prix de **25** 0/0 pour les demandes directes

Soit **26** fr. pour un volume Broché — **34** fr. pour un volume Relié.

LIBRAIRIE COLONIALE

Augustin CHALLAMEL, Éditeur

PARIS — 5, rue Jacob, 5 — PARIS

LIVRES NOUVEAUX SUR LA TUNISIE

La Tunisie. Géographie, événements de 1881, organisation politique,
administrative, judiciaire, etc., etc, par AMÉDÉE RIVIÈRE, in-18. . . .   2   »

Législation de la Tunisie. Recueil des lois, décrets et réglements en
vigueur dans la régence de Tunis, par MAURICE BOMPARD, un gr. in-8°.   20   »

La Tunisie, le Christianisme et l'Islam, par MARC FOURNEL, petit in-8°.   2   »

Notice géographique, administrative et économique sur la Tunisie, par
E. FALLOT, br. in-8°. 2 50

Voyage dans le Sud de la Tunisie, par VALERY MAYET, membre de la
mission scientifique de la Tunisie, in-18, 2me édition, avec carte. . .   3 50

La découverte du *Bassin hydrographique de la Tunisie Centrale* et l'emplacement de l'ancien lac Triton, par le docteur ROUIRE, membre de
la mission scientifique de la Tunisie, in-8°, avec 9 cartes.   5   »

Le Triton (réponse à la brochure de M. Rouire), par A. DU PATY DE CLAM,
in-8° avec 7 planches.   2 50

Fastes chronologiques de la Ville de Sfaks, par A. DU PATY DE CLAM,
br. in-8°. 1 50

En Tunisie. Le golfe de Gabès en 1888, par J. SERVONNET et F. LAFFITTE,
in-8° avec 4 cartes et 9 planches.   4   »

Tunis et Kairouan, par PAUL FAGAULT, in-18 avec couverture coloriée. .   3 50

L'Enfida, son passé, son avenir, br. in-4° illustrée. 3 50

Manuel du Vigneron en Algérie et en Tunisie, par GAILLARDON, négociant
en vins, rédacteur au "Moniteur Vinicole", in-18, 2me édition. . . .   2 50

L'Algérie et la Tunisie agricoles. Étude pratique sur le sol, le climat,
ses cultures diverses, par LEROY, agriculteur, in-18. . . . .   2 75